U0067816

營銷世界真有趣

真有趣

什麼都能營銷：

由《將軍牛肉麵》《Miishare101 網紅大賽》

到《AI智能房地產》

廣告公關女企業家

網路營銷傳奇 女戰士　陳虹汝 著

營銷世界真有趣
由《將軍牛肉麵》《Miishare101 網紅大賽》到《AI智能房地產》

陳虹汝著　初版：2022年11月　定價NT$380元

國立中央圖書館出版品預行編目資料

營銷世界真有趣，什麼都能營銷：由《將軍牛肉麵》《Miishare101 網紅大賽》到《AI智能房地產》

/ 陳虹汝(Michelle Chen)著　-- 初版. -- 新北市：幸福理念行銷有限公司 2022.12

　　　面；　　公分.

ISBN 978-986-7800-34-3 (平裝)

1.CST: 自我實現 2.CST: 自我肯定

177.2　　111018097

電話：02-2708-1789　地址：106台北市大安區敦化南路二段28號2F

銀行帳號：華南商業銀行 敦和分行 岱瑪金誠國際事業股份有限公司

113-10-0025214

聯合出版：㑹義 俠義出版社

發行者　：幸福理念行銷有限公司 統編：2512-4416

電話地址：0912-44-22-33 (line)，新北市淡水區鼻頭街19號

銀行帳號：陳蓮涓 華南銀行008忠孝東路分行　120 20 0036815

郵　購　：郵政劃撥帳號：1784-2281　陳蓮涓

E-mail　：anniechen112233@gmail.com

總代理　：旭昇圖書有限公司

電　話　：02 22451480(代表號)　傳　真：02 2245 1479

郵政劃撥：12935041 旭昇圖書有限公司

地　址　：新北市中和區中山路二段352號2樓

E　mail　：s1686688@ms31.hinet.net 旭昇悅讀網 http：/ubooks.tw/

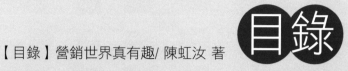

【目錄】營銷世界真有趣/ 陳虹汝 著

呂捷老師擔任家具客戶的網路代言人 2016　　兄弟印表機的年度廣告及記者會 2017　　為台商在澳門的展覽舉辦活動 2017

華師父在公司客戶美食創意料理比賽 中留影 2017/1月　　農會天菜大主廚活動 2017

為宣傳電影的包場(信義誠品) 2017　　　　　　　為宣傳電影的包場(信義誠品) 2017

在政大進修上課 2018

品牌行銷台灣銷售量第一的氣泡水 2019

支持公益清華學長，出版「優秀傑出學長的成功故事」集輯，所得部分捐給「中華民國家庭照顧者關懷總會」2019/12/20

主持4A廣告工會的「廣告獎」2019/11/1

成功舉辦創意設計大賽，1週徵件超過500件 2019

為小芬魔皂的新品舉辦發表會 2019/11/26

為李崗導演舉辦「尋找1920」的紀錄片發佈會 2019/10/29

應3523地區總監之邀，分享「新創時代」
的議題反應熱烈 2019

合庫X李岡公益_聯手 2019

在國父紀念館幫AIA友邦人壽舉辦100週年「全球家庭日」 2019/10/19

亞太華綸獎的盛會 2019

V VIP

藏家之夜
Collectors Night

4. 25 (Thursday) 18:00 - 22:00

Contemporary
Art
Salon

Spring 2019

2019 春季當代藝術沙龍展

春季當代藝術沙龍展 vip收藏家之夜2019

承接設計師公會TＡID 50週年的公關案 2019

設計師公會TＡID 50週年的公關案是我們公司承辦 2019

在典華飯店兩個小時為全阿美語教室的馬躍校長募得建校款超過137萬 2020/11/5

優席夫 Yosifu

出生於花蓮玉里的原住民部落，馬新林村，擁有阿美族血統，目前定居於藝術家之都，愛丁堡的優席夫藝術家，已初步邁在當地知名國際藝術舞步的資源，是自創少數在歐洲以原住民身為主題發展台灣文化，並成功發展的原住民藝術家。

優席夫的作多元，從素素、攝影一路跨界繪畫，主題包含原民系列、物與動物系列、自然系列，作品以原色大膽、主題湧滿鮮明為特色，每注用色強烈且具說服力的效果上創作，適度在簡單的傳想上，佳往還流露對人情與社會議題的見解，尤其15於的運用了西西方元素的特別，深受歐洲人士的喜愛，目前收視時也活的收藏家已逾及了巴西、澳洲、香港、西班牙、加拿大、台灣、新加坡、法國、韓國、荷蘭等地。

優席夫會說：原住族文化在過去主流文化的衝擊下，喪失了許多珍貴統文化、語言、甚至名字，現代的與過去已經不同了，今天於多主流文化還在這疲於奔命的滿滿也同在的消失，代年輕人小時候，已為用更廣泛的包容性與彈度去對待說表，許多人已經開始在找「愛」東西了？因比我希望起書畫，可以傳遞關於「愛」的精神。

國際藝術家優席夫為蜜雪兒郡主Lady michel
畫了代表熱情與愛心的人像2020/9/11

採訪台灣勞斯萊斯的代言人、知名藝術家優席夫2020/6月

2021網紅大賽/女人我最大李昀熹彩妝老師幫參賽者上課

在華山文創Lagacy 公益直播走秀，Lady Michelle與 黃子佼共同主持，網路創造近百萬觀看流量 2022/12/22

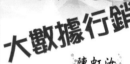

大數據行銷

陳虹汝

偉瑪金鉞國際事業股份有限

身處於數位網路行銷時代，如何讓品牌大放異彩，關鍵資訊的蒐集整理影響甚鉅品牌的行銷以及客群輪廓更應備。比對人更進一步的品牌溝通，更展現自身品牌的用大數據資訊的優勢，建立網路行銷通路，讓您在數位行銷一路過。

例會地點：
台北商業會
（台北市南京東路二段72號

06/09（二）
時間：19:00-21:00

2019-2020
扶輪連接世界 感動人心

以「大數據行銷」為主題為扶輪社講課的沛

進修學位：政大畢業了 2021/5/1

獲權威雜誌「動腦」頒「創意廣告獎」2020/1/9

安排鍾欣凌成為貢丸客戶的品牌代言人

任潔玲老師也是一路相挺

小時候的唯一的一張嬰兒照，是媽媽省吃儉用下的買菜錢帶我去拍的

熱愛運動的我參加划龍舟比賽

北京清華大學台灣校友總會第三期第五六屆會長交接

到「紫色飛鷹」詩句為生日禮物的公司尾牙及慶生會 20151231

非常難得還找得到的一張彩色國小二年級的同學合照

在華山參與文創班

我跨出第一步的處女秀：擔任主持人 2020/7/9

知名百萬網紅酷炫老師成為網紅大賽的老師及評

結合北京清華大學台灣校友總會來自產官學界強大的顧問群

在華山參與文創班知名FIFI主持人支持
Miishare101 網紅大賽

為運動品牌行銷，熱愛運動的我也趁此好好運動

原本就是運動員又愛上熱瑜伽運動的我

拜訪各行各業的客戶做企業參訪2020/1/17

Shot on OPPO R11s Plus
By 凱元

清華校友會舉辦的聖誕晚會 2019/12

許願講100堂課來捐100個小孩子的獎學金

經常收到客戶送的生日禮物時最開心

與台灣知名飲料公司因廣告代理商而成為好
朋友，節日時獲贈新鮮蚵仔

網紅大賽精彩活動集錦　　　　　　　　網紅大賽精彩活動集錦

團隊到葡萄王開會討論案子　　　網紅大賽得到林葉亭老師的支持　　　網紅大賽精彩活動集錦

亞洲網紅IP產業協會_第一屆網紅大賽_記者會

在華山參與文創班知名FIFI主持人支持
Miishare101 網紅大賽

杏輝_新品蓉憶記上市發表.會

感謝王議員貼心的禮物

擔任北京清華同學會的三期會長,在萬豪酒店跟陳凱倫討論舉辦國際論壇的主持流程

Lady Michelle 自創了品牌:SUN COS山茶花籽
複方精油

Lady Michelle 帶團隊採訪日本老師鄭姵萱

LADY Michelle 帶團隊採訪ESG企業

岱瑪金誠 獲獎錄

■ 2017華綸楷模獎

■ 時報金像獎 公關類

■ 中華中小企業經營領
袖協會貢獻卓越獎

■ 北京清華第三期
第六屆會長

■ 亞太企業卓越金質獎

■ 動腦雜誌
傑出公益行銷獎

■ 第七屆臺灣保險卓越
獎金質獎

■ 第五屆 華文公關獎
社群行銷公關獎 1

推｜薦｜序

【孫序】天份加上認真和努力！

孫崇發 / 秀得美總裁

Lady Michelle郡主要出書了！從浪潮尖端的網紅到最傳統的平面媒體，都是她飛翔的天空，這說明了這位郡主的靈活性。從認識她到成為她的乾爹，就是欣賞她這種靈活性，這是營銷人才必須具有的特點。Michelle 天生就具有這種天份，這讓她的事業發揮得淋漓盡致。我所知道的，從銷售到媒體廣告，從網紅公關到AI智能的應用，她都做得很出色！這些成就除了歸功於她有這種天份之外，也加上她的認真和努力才能得來的。欣聞她願意將這些經驗心得，著書立說分享給大家，這種不藏私的胸懷值得欽佩。我願意為她寫序推薦，對營銷有興趣的朋友而言，這是一本有實務經驗的好書，值得學習。

【陳序】持續進修的俠女！

陳裕禎／宏景集團董事長

認識Michelle有十幾年了，第一次見到她是在工商建研會29期學員訓練中，後來我就比較跟她的伴侶David常常一起暢談天地，笑傲江湖。當時對Michelle的印象就是一位率直，熱情，大方，重義氣，喜好朋友，也熱愛房地產的摩羯女。對於事業發展，總看到Michelle跟David這一對「神鵰俠侶」出席各大場合，令人欽羨。這幾年更看到Michelle持續進修，完成政大EMBA學業，並且持續著社會公益與媒體事業發展的貢獻。未來，對於Michell這一位俠女風範的好同學，我以我個人創業18年的座右銘「天道酬勤，地道酬善，業道酬精」共勉之。

【黃序】愈挫愈勇的焠煉人生

黃正忠博士／安候永續發展顧問股份有限公司

生為人，幸或不幸，見仁見智。生離死別、喜怒哀樂，人
世冷暖與人生無常，對她而言，卻是一種焠煉。愈挫愈
勇，且樂於分享助人，虹汝正是這樣的人。我很少看到一
個歷經千重人生考驗、仍然會為一些小感動而動容、會為
一些新發現而雀躍、會為可以助人的創意衝鋒陷陣的人，
而虹汝正是這樣的人。這是一本可以看到心酸與力量的
書，讀者透過作者的人生閱歷，品味生命挑戰如何被作者
化為不斷創新再生的泉源。有專業能力、野心，又有願景
與佛心的人並不多見，本書帶給大家這樣一個典範。

【鄭序】「網紅中的女戰士」&「女戰士中的網紅」

鄭夙珺 / 中華基督教救助協會副秘書長

我在救助協會服務25年，主要負責募款，因此需要設計很多文宣。早年都透過報章雜誌、廣播電視露出，對直播平台或網紅行銷，從來不敢嘗試，只因為「怕」，但我知道網路是未來的趨勢。2022年初為籌劃第2屆《網紅大賽》時認識了她，見識到她的勇敢、熱情與溫暖，讓我學到整合營銷。後來又聽她分享半工半讀、久婚不孕、做試管屢敗屢試、先生突然癌逝還有獨立經營公司的生命故事，還有她的《網紅大賽》及公益投入……都令我非常感佩。虹汝，妳不只是網紅，也不只是女戰士，妳是「網紅中的女戰士」，是「女戰士中的網紅」！

【李序】「營銷女戰士」的成功方程式

李國湘/政大107EMBA全企組班代、年代印刷總經理

有幸與虹汝學姊相識,起源於同年就讀政大EMBA107全
企組,在報到始業式時因緣際會坐在同一排而成為領團活
動的一員。雖然虹汝學姊因工作繁忙,無法全程參與活動
排演,但是只要她出席時,一定認真投入並很快抓到重點
進入狀況,她在正式演出時,落落大方的表現令人印象深
刻。虹汝學姊的聰穎自信,加上她不間斷的努力學習,造
就她商場上的成功,我想這就是「營銷女戰士」的成功方
程式。

【林序】給她「鴨力(壓力)、&「雞力(激勵)」

林貞祥 / 綠點集團前總經理

雖然我認識陳虹汝已一段時間，但我對於她經營的「網路營銷」行業是一竅不通的。但是因緣際會之下，有機會與她接觸頻繁，聽她吱吱喳喳的述說她的波折往事、心路歷程及未來展望，讓我心有戚戚焉。我自己也曾經歷白手起家的艱困過程，能夠深深體會她力爭上游的不易，也讚譽她在取得成就之後的驕而不傲心態。當前她並不以此而自滿，因為她有更遠大的自我期許：能夠達成股票上市的目標。我們都期許她能盡快達標，與此同時，她也已經跨足房地產代銷行業。她努力向前輩及先進們請教，學習「房地產事業」的知識，鍥而不捨的鑽研「AI 酒店式公寓管理」的專業能力……這都讓我越來越敬佩她。我也願意提供我個人曾任股票上市公司（綠點集團）總經理的經歷，希望在眾多親朋好友協助她的同時，我也能盡一己之心力。我鼓勵她繼續勇往直前。我以開玩笑的方式表達：這不是「雞同鴨講」，而是給她「鴨力」(壓力)，來「雞力」(激勵) 她。謹以此序共勉之。

【江序】當代女力CEO

江承勳 / 好課多數位教育董事長

認識岱瑪金誠總經理陳虹汝是東吳學妹介紹的，之後我獲得第四屆《亞太華綸教育獎》，恰好岱瑪金誠是協辦單位，那時得以親見虹汝的強大執行力，她能專注每個溝通及細節，因而讓活動非常順利完成，讓我留下非常好的印象。在疫情下她毅然決然繼續舉辦《MiiShare101網紅大賽》並投入阿美族教育等公益項目，都令人敬佩。陳虹汝總經理是當代女力CEO的代表人物，累積多年品牌公關社群行銷與社會資源，堅持投入CSR企業社會責任，值得我們學習。因此當虹汝請我寫序時，我倍感榮幸，這本書中的每一個故事都行銷世界的寶貴材料，在此誠摯推薦給大家。

【李序】末法時代裡的大愛

李育寬 / 僑茂不動產董事長

活潑、熱情、充滿正能量，這是她給我的第一印象。後來得知她俠女、郡主、網紅、超級銷售女王、數位行銷佼佼者……等等多元角色都集於一身，我對她就敬佩了。陳虹汝董事長，凡事往正面看、不囉嗦、不拖泥帶水、決策明快、保有一顆赤子之心、對世界充滿好奇、喜歡接受新事物、也勇於嘗試。對人關懷、沒私心、有大愛，對地球環境的維護也常登高一呼，率先行動。我記得她曾經說過的話：「我希望未來做的事，都能與社會公益有關，盡自己一份小小的心力，讓社會變得更美好。因為，施永遠比受有福。」的確，在這人心變異，道德滑落的末法時代，依然有人願意盡己之力幫助他人，是非常難能可貴的。我非常樂意為具有此等胸懷的她寫序，世界太需要這種俠女了。

【王序】真誠亮麗的俠女

王振榮 / 建材公會前理事長

當年身為建材公會的理事長，例會時有陳虹汝總經理的參與，她一出場就成為亮點，一出聲就吸睛，因此對她的才華印象深刻，事後便邀請她擔任我們的榮譽理事。基本上公會並非是營業單位，對她並沒有業績上的交集，但她仍熱心出錢出力，辦活動時都不遺餘力地投入。她是一個非常熱誠的人，並不虛假的應酬，我見證了一個義氣相挺女中豪傑、亮麗行走江湖的俠女！這次聽到她要舉辦當紅的《網紅大賽》並出版前半生的傳記，我當然是樂觀其成，看到這麼一位永遠走在前端，引領趨勢的女豪傑，讓我們對商界的未來充滿信心及期待。祝她的大賽及新書都大成功！

【陳序】 上天擬好劇本的一個奇女子

陳進財 / 穩懋董事長

認識陳總，是因受邀擔任她主辦的《優秀企業主管選拔》的評審。當場看到她準備的完整資料及精準的發言，一位年輕又亮麗的女士，表現如此大氣及清晰，令我十份佩服。選拔工作本來就有評審意見不一的挑戰，而她的包容度很高，整合能力也強，讓那天的評審非常順利。後來聽說她操作張北河的《將軍牛肉麵》，讓她成為網路競拍第一人的傳奇，其實我也是張北河的朋友，當年我在服役時就是與他同僚。我覺得陳虹汝就是一種老天爺為她早就擬好精彩劇本的人，不用我期許，將來的她一定是繼續發展出令我們驚豔驚奇的成就的。

【馬序】劍及履及的女中豪傑

律師 / 馬在勤

我是由不同的朋友認識到陳虹汝及她的老公的，這一對都是讓人一見就亮眼的人物。陳總雖是個女生，但她做事業拼命三郎的樣子毫不遜色於男人。她勇於追求夢想，且行動比思想更快！我因為她諮詢公司的法律問題，因而對她有更深的認識。她諮詢我的項目很多，由稅務、合約到經營技巧，我特別提醒她「風險管理」的重要，常常提醒她，不要讓她的熱情導致日後的業務糾紛。我擅長預知有哪些人有哪些潛在的危險因子，我特別強調：會崩盤的公司，通常不是不懂法律風險，而是不懂人性的風險。每個商務及每個人，都有其缺陷，純粹的利益背後風險就是人性。她的優點是劍及履及，但缺點也是劍及履及，尚未懂得人性的險惡。在商場不能興沖沖、人來瘋地、過份樂觀地做爛好人。她是個難得的開疆闢土的女戰士，她若搭配能幫她執行的後勤會更好。因為我常鐵口直斷預言神準，她就開玩笑地說「你不只是律師，你還是個算命的」。我佩服她的毅力及純真，在此祝她的業務興隆，新書大賣！

【蔡序】不屈不撓讓夢想不斷開花

蔡國洲 / 寶島眼鏡董事長

我認識的虹汝，待人處事有熱情有動能，充滿正能量，聽她說話總是很能打動人心。海明威說過：「優於別人並不高貴，真正的高貴應該是優於過去的自己。」後來知道她的故事看到她的努力、她乘風破浪的起起伏伏、像一波一波的驚滔駭浪，讓人讚嘆與禮敬，才憬悟她上半生的不容易。虹汝做事不屈不撓，所謂天道酬勤，她讓自己的夢想不斷開花並且欣欣向榮。她的故事帶給許多人啟發與影響，她見證了「轉身才能看見不同的視野，轉念才能發掘生命的韌性」的道理。不管是「營銷世界」或「生命歷練」，虹汝的小傳，一定讓你有意外的感動及威力的承接，肯定會讓你對生命的期待有所不同：人生有無窮的變化在等著你。

【萬序】內在有個熱情小女孩的高冷女子

萬娟如 / 上報(世代傳媒)總經理

「下巴這麼尖?!我覺得她一定有整型!」這是我跟蜜姊第一次見面時當下的感想。沒錯,我有一點嫉妒,因為齊總在我們還未見面前就形容過蜜姊,「出身在男尊女卑的大家庭,但她很努力,年紀輕輕旗下就有上萬位夥伴一起打拼,員工旅遊都幾十台遊覽車在動員的,笑容迷人身材又好,重點還很照顧家人。」是吧?這麼優秀的人,不就是應該要粗俗地挑一點她的瑕疵來平衡自己嗎?事後她強調她的下巴沒有整型,只是有用傳統的整骨而已,這就說明了,老天真是不公平,給了她才智能力,又給她美貌,真是讓人嫉妒又羨慕。蜜姊很堅持家裡一定要有室話,因為早期在台中時,家境辛苦,都要到親戚家借電話聯繫事情,有一次就被親戚數落,從小不願看人臉色的蜜姊在心中許下「我要出人頭地,絕不讓人看不起」的心願。憑她的幹勁,她早就出人頭地了,後來更上一層樓,他們夫妻倆胼手胝足的立足廣告界,兩個都是魔羯座的工作狂,24

小時on call，但這樣高壓忙碌的步調終讓他們身體出了狀況。齊總因病走了……留下來的人是最痛苦的，但蜜姊擔起了一切，只因齊總跟她說過，「雖然我們沒有孩子，但岱瑪金誠就是我們孩子，請你好好照顧它。」事實上，我很心疼她，這上半場的旅程沒有隨著齊總的離世而到了終點，反而高溫淬鍊成就了今天的她。她常說：「我能做就做，做到我不能做了，我還是會拚下去。」希望讀這本書的人可以更了解蜜姊，一個外表像是被社會洗鍊過的高冷女子，內心卻仍是台中的一個熱情小女孩。

【王序】一個也需要個肩膀的女強人

王雅芬 / Sophia時際創意傳媒副

總在《臺灣暨臺北市國際公共關係協會》認識陳虹汝，我們

都是協會的會員。起初對她的印象，就是一個很強勢很直
爽的女企業家，後因為她主辦的賽事活動多次向我諮詢，
經過多次的接觸就發現，這位女子堅強的外表背後也有軟
弱的一顆心。我想對她說：該大笑的時候就大聲笑，該大
聲哭的時候就要找一個肩膀來哭一下，有需要的話，我願
意成為這個肩膀。值此她的新書發表之際，預祝她的事業
和情感世界都能和她的個性一樣兼容並蓄。

【田序】追求事業成就也要重視健康

田永彥教授

我是非常重視養生，每天必定補足蔬果及蛋白質的生物科技學者。我專攻病毒檢測這方面的技術，和陳總並沒有商業上的業務關係，但在一次活動中認識她就印象深刻：一位活潑熱情，又有創意，還有愛心的女強人。很少看到這些特質能集中在一個人身上的，可說她是一個多才多藝多元才幹的奇才。這次聽到她要出版個人小傳，非常榮幸受邀推薦，我想說的就是：希望她這個高速運轉的女強人要加強健康管理，她的未來肯定會有更高的成就，但要有健康做後盾，才不會讓成就歸零。

【吳序】繼續更上一層樓

吳秀倫前理事長

什麼都很認真的一個拼命三郎(娘)！這是我對她的第一印象。我身為「國際公關協會」的前理事長，在行銷傳播圈裡，坦白說，她的「社會系」風格獨樹一格，與我們這些管顧業的氣質不太一樣，更與我的教書氣味相當不同，但這無妨我們的友誼。我們有共同的特質：我的角色比較像是「類甲方」，與客戶往往是「同一國」的，而她的角色也是很跳躍，在「甲方」與「乙方」的功能間遊走。談到她的特質，簡而言之，就是她的「心臟很大顆」，衝勁十足。她的馬力也十足，在商場攻城略地無所懼。她的身體語言有時候會讓人無法適應，這是她比較吃虧之處。我懂她，這個女強人其實在孤單時也需要有懂她的人。我視她如同一個小妹，我對她是深有期許的。我祝福她的網紅新事業，能找到厲害的執行團隊，最好還有規劃藍圖及掌舵的合作者，讓她提高視野，從而能幫她完成夢想落地。在此我預言，她的個人及事業都會繼續地更上一層樓。

【李序】期許在網紅趨勢中共創佳績

李奎慶掌廚總經理

認識陳總，由委託廣告案開始。陳總的提案得到我們公司的認可，可說是經過一翻激烈競爭才拍板的。原因之一，是我們感受到她公司是最熱情與最積極的比稿者；原因之二，是她給我們的方案也是最優惠的。接下來我們在她的服務中看到了數位行銷的實力，還有她在公益上的熱心，也都讓我們折服。我們一直以來都是在百貨公司裡設專櫃，主力商品是高檔的德國、日本、韓國鍋具。最熱賣的就是德國鍋具。但因疫情，百貨公司沒有人潮了，業績衰退得很快，因此我們就開始發展網路銷售這一塊，自從我們委託陳總經營網路市場後，看到明顯的業績成長，我們對數位行銷充滿著期待。因此我們很積極參與陳總舉辦的《網紅大賽》，希望我們的產品能因為與網紅們的連接而創造新的通路。在此預期我和陳總共創佳績，讓我們的品牌都能發光發亮。

推薦序

【優序】照亮別人的同時，要對自己更好一點

優席夫-旅英國際知名藝術家

熱情、積極、很有主見……率真、易感、不輕易妥協……從來沒見過一位女子，擁有有如金頂電池般的活力。除了能扛下公司營運的重責大任，又有心做社會公益，實在是不容易。恭喜虹汝出了生平第一本書，但願透過這本新書的發表，能啟發許許多多的人。妳的開朗、主動積極，就像陽光一樣的具有感染周遭的力量，但願接下來的人生，妳在照亮別人的同時，要對自己更好一點。燃燒自己照亮他人的同時，也能留一點空間與時間給自己，因為工作固然很重要，但不是生命的全部！祝福虹汝！

【吳序】繼續打拼繼續辦趴吧！

美琪總經理吳英偉

我們是建言會的同學，後來成為客戶。她是一個「很男生的女生」，我不是指她的外表，她的外表是姣好美麗的，我是指她的性格。她不扭捏，很好交往，誠心待人，很大方，慷慨分享，常常吃虧也不在意。大約是7年前，我們想要經營臉書，她的公司也有效地為我們增加粉絲數，我看到她網路營銷的操作實力。其間，印象最深刻的就是她和齊總兩人「神雕俠侶」的共事，太令人羨慕了。我就看過許多一天到晚都在吵架的事業夫妻，而他們卻是一唱一和合作無間。因此，齊總的離世，對虹汝而言，無疑就是一大打擊。所幸我們看到堅強的她走出傷痛的幽谷，慢慢回復到她之前的狀態：打拼奮鬥！最近看到她把自己塑造成一個網紅，這是一件不容易的事，但我相信她一定會做到。她是一個聞覺靈敏、聞得到商機、能預判市場需求的人，所以我相信她的規劃一定是會成功的。我們兩人生日同在12月，之前我常常和她一起辦趴，但過了50後，我就較為靜態了。但為了虹汝出版新書，我們就來為她辦一個精彩轟動的趴吧！

【黃序】營造台灣品牌成國際品牌

HCG黃建成副總

在建設公司的餐敘上見到虹汝，我看到一個很陽光、充滿著憧憬跟希望、對事情的判斷跟觀點都有自己獨特想法、活動力超強的女企業家。我們是家已邁向90年、朝向100年的本土品牌，過往逢5逢10都會辦慶祝大活動，若不是慈善音樂會就會是運動會。公司可以資深，但經營一定要年輕。企業要永續經營，不能固步自封，不能停滯自滿，即使業績很好也要推陳出新，向消費者訴說品牌。因此，經過市場調查及觀察，我們就把開發網路、手機市場的業務交給了她。認識她已10多年了，看到的她，永遠在追求進步，我感到我的廣告業務就是要交給這樣的人，她本身就與時俱進，才有可能和我們同步成長。本公司志在成為台灣的品牌，這條路上希望能有其它的企業一起來：營造台灣品牌成國際品牌！在此預祝陳總的新書大賣。

【孫序】逆風而上的玫瑰

孫因/臺北市室內設計裝修同業公會榮譽理事長

身為25兄弟會大姐，我認識Michelle有8年多的時間，我看到她經歷了生命中的幾個重大轉折：至愛生病、驟逝；企業統整、變革；個人學業上再進修；對自自己容貌與體能訓練的嚴格要求……不得不佩服她驚人的毅力跟體力，尤其她對家人的深愛跟照顧，是我最喜歡她的一點。她活力四射！對人熱情如火，有時候又像一個少根筋的傻大姐！讓人對她真的是又愛又恨。今天聽到她要出書，我想這是她又一個里程碑。她一直在用生命寫故事，不管她未來所選擇的路是什麼？我都會在一旁默默的祝福她，看著這一朵不畏疾風努力向上的玫瑰，創造她自己的豐富人生！

【陳序】願「營銷女戰士」透過「慢、減、簡」而更強更大更發光

陳艾妮 / 華人世界寫書演講繪畫最多女作家

第一次見到陳虹汝，是2020年在華山文創的第1屆《網紅大賽》上，只見身材姣好的她，和黃子佼同台，像個機關槍似的做主人兼主持人。哇！好一個「營銷女戰士」！她讓我好像看到了40多歲時的我：衝衝衝，毫無畏懼，勇往直前。後來，在餐會上又遇到了，她邀我到她公司，第一次就進入會議室，旁觀她做簡報「成交」一個客戶，爽快俐落。從此我們倆一拍即合，成為忘年之交及《網紅大賽&學院》的合作伙伴。相處下來，在各種場合見到她，發現她隨時轉換的功力驚人，她能隨時全力、真心融入任何場合，由客戶抱怨的立即處理，到參加我的生日訂婚宴時主動致詞感動親友……我要向她學習。因為我個人已不再擁有事業，但可轉嫁我的能量、理想、資源與創意給她。我想要把我的本領教給她，也想在她身上學到趨勢，彼此亦師亦友，不亦樂乎。因此樂觀其成，確信她會更強更大更發光，這條路上我與她做伴！

【林序】「女漢子」的自建品牌

林卉祺 / 林卉祺高級訂製服設計總監

第一眼看到虹汝在台上介紹自己公司的侃侃而談，一種無所畏懼的、魅力且散發自信光彩的熱情態度，好一個「女漢子」！若是不太理解她的個性的話，的確會被她女漢子的個性嚇到。後來對她的理解：總是熱情在工作上，還有把她的夢想努力實踐。我身為一個服裝設計師也是創意領域，但發現她在行銷上也有獨特的創意與發想。她很聰明：理解客戶需要什麼。她很積極的籌劃網紅大賽等，也讓自己變成一個很棒的品牌「Lady Michelle 郡主」，她在做不同的轉型和曝光。身為一間公司的CEO要扛起的責任和重擔，把她對亡夫的愛也一同努力進去，轉化成對工作的熱情和動力，這份愛深深的感動我。恭喜虹汝能夠出書，期盼她在公司的經營上能拓展不一樣的市場和未來，我深信未來的她一定精彩可期！

【藍序】好一個「神力女超人」

藍蔚文／京奇能源創辦人

2014年委託她的公司岱瑪金誠幫我的電商業務進行數位行銷與活動規劃，因而彼此認識，初次見面就讓我感到滿滿的朝氣與戰鬥力。她就是個「神力女超人」，凡事都無畏無懼，充滿活力，不管面對什麼樣的任務跟挑戰，都是毫無保留的去努力與克服。現今大環境變化快速，各個產業也發生結構性的改變，她不自滿於原本事業的成就，積極突破去尋找任何可能的機會，我在她身上看到無與倫比的企圖心與對成功的渴望。網紅與自媒體是她的下一個方向，我相信她已做好了充足的準備與規劃，希望她能夠如願地達成自己的目標，也能夠啟發時下年輕人或有創意的人向她學習，來成就自己的夢想。

【林序】要做就要做到最好！

林霈媞 / LadyOffice女孩辦公室創辦人

恭喜我的好朋友虹汝出書了！真的很替她感到驕傲。說到我們結識，是因為擔任她網紅大賽的評審老師。每次見到她，總覺得她是個積極又充滿想法的姐姐，永遠充滿活力與熱情。我們常常一起討論課程、規劃網紅比賽、甚至MV拍攝…等，和她一起共事，都能感受到她與眾不同的觀點，也常常從她身上看到自己的縮影：「明明什麼都很好了，但還是希望自己多做些什麼；既然要做，就要做到最好。」那種嚴格的自律、極高的自我期許，真的讓我由衷的佩服。這真的是一本很棒的書，讓我看到更多她真情流露且不為人知的面向，也從中獲得很多正能量。真正有價值的事情，都不是輕鬆舒服就能完成。但只要堅定目標和遠景，困難往往會成為指引你的方向，共勉之。

推薦序

【方序】讓人才如鑽石般綻放光芒

方嘉男 / 板信商銀總經理

我自1978年踏入金融業,在金融業服務已超過40個年頭,歷經不同銀行也曾待過美國、中國大陸等地,豐富的銀行閱歷與海外經驗,讓我的視野及見聞更為寬廣。人生總是充滿許多不確定性,也因此更加令人期待。要怎麼收穫就要看自己要怎麼栽,且看陳虹汝總經理在大學求學階段即接觸業務銷售工作,畢業後更與團隊創造銷售佳績,可見成長階段所看所學對於未來生涯規劃與發展影響頗鉅。本書能讓大家有機會一探成功人士不為人知的奮鬥歷程,讓我們得知陳虹汝如何透過人生各階段的體悟及把握每一次的契機,帶領岱瑪數位行銷領域闖出名號,並以女性CEO的角色當KOL(Key Opinion Leader,關鍵意見領袖)。我除了是板信商銀行總經理以外,另一個身分為東吳大學經濟系校友基金會董事長,希望透過自身的力量,能幫助學子們順利接軌未來職涯路,期望他們畢業後能像陳虹汝一樣如鑽石般綻放光芒。

【朱序】精力與點子無窮的勇士

朱衛茵/資深節目主持人

Michelle是一位不折不扣的勇士。我們剛剛交朋友時，看到她排的約會都是密密麻麻、一個接著一個的，我若是跟著她一樣，一天的行程我就不行了。過去的我只能跟相近的人做朋友，後來我明白，跟我不一樣的人我才能從他身上學到很多的東西，因此我就越來越喜歡與她交往。在她的身上，我看到用不完的精力與點子，努力專注又專業，但也大咧咧的個性⋯雖然有時候她會被人拒絕，但是她一點兒都不介意，她會很快又跳到下一個想法去。如果你是一直都都站在原地、不敢超越不敢改變的人，你一定要去讀讀她的小傳，你會看到她的人生並非全都順遂，但她能走出幽谷、不但沒有放棄自己還越活越精彩呢。謝謝Michelle從來都沒有放棄我、還是那麼愛我。我祝福妳的新書大賣喔！愛妳哦。

推|薦|序

【吳序】以誠待人、以和為貴與孝感動天

吳彰裕教授

我和明非的因緣可早了，他還是學生時，就跟我學少林拳。也常到我家吃飯，在我家樓上很大的空地練拳。我可說是看著他長大的，後來因虹汝到台北的發展認識明非，他們能這麼契合，我一點兒也不訝異。虹汝她本來就是一個鋒芒畢露的人。後來明非得了肺腺癌，我特地去幫他們看了，覺得是風水的問題，因為他家正對著就是前面飯店的出風口，還有家裡穿堂的問題，當然這都是後話了。

我覺得他們的事業，生意經營部份是虹汝的功勞，而齊總比較像文學家。我看到的虹汝就是「以誠待人，以和為貴」的實踐者。目前她仍努力經營事業目標要邁向成功，因此有特別提醒她，功成名就財聚之後，要知道最終促成財富的貴人是員工，而非不勞而獲的公益單位，所以應該先善待員工，再談去做對外的慈善。

還有一般人較不知道的是她非常孝順，齊總是獨子，離世後虹汝一直孝順侍奉公婆。她能得「天時地利人和」商場貴人多，我認為是孝感動天所致。在此預期虹汝的事業還會邁向高峰。

【顏序】拭目以待她的未來一片天！

好多年前，我身為《經濟戰略發展協會》的北區會長，當時會員多達200位，好在有虹汝這位大將做我的左右手，讓多次的兩岸經濟文化交流活動都得以順利進行。照說，她自己的事業及已加入的社團都已讓她非常忙了，但她每次參與活動仍是非常熱情，且總是提出許多活潑的想法。一個能力強的女子，不但有韌性，更有理想性，我感覺到她對未來仍有許多的憧憬與衝勁。雖說她目前已有具體的成就，但我預言她的未來還有更大的一片天，且讓我們拭目以待！

【王序】絕不容錯過的一本勵志書

Vivi Wang / 美國上市公司高層

在大型外商公司做採購多年的時間，接觸過的各層級業務及營銷人員不在少數，但在一次簡報會議上看到大家口中的陳總Michelle，立即驚豔了我。思路清晰條理分明，嬌小卻氣場強大，讓人無法分心。會議結束後即和行銷部同事決定和岱瑪合作。從此開　了我與Michelle的交往，從專業上的交流進而變成親近的好朋友，讓我打從心底佩服她。她有著大起大落的人生經歷，但非常果敢堅韌，從不言敗。本來我就想著她可以將她與生俱來的經營天分及人生體驗寫成書，沒想到成真了，所以在她邀我為她的書寫序時便一口答應了。她的故事及分享，大家一定可以從中得到激勵與　發，Michelle的勵志書絕不容錯過。

【翁序】祝她事業及感情皆圓滿

Caroline / 雀巢台灣事業部主管

認識虹汝已10多年了，第一次是在一個提案場合上，只見她的團隊在進行簡報，但她這位老板卻低頭一直滑手機，當時覺得她有點不尊重……後來我在雀巢工作，因此有機會交流，才知道她是一個「一心三用」的人，當天她兼顧簡報及房子出租的事，她兼顧的能力毫無問題。原來她置產有道，有許多房子要出租。跟她交往後，發現她就是一個開朗熱情單純的人，那時她老公要出版一套武俠小說，要找插畫家，剛好我舅舅就是畫家，因此聯絡更多更深入了。這些年來，我見證了他們夫妻最輝煌的時代，也看到她老公生病不起，而她獨撐大局的整個過程，感到她實在是一個非常非常了不起的女性。一個女人，繼承夫妻共創的事業，隻身面臨很多的挫折、碰壁跟困難，我很心疼她。但她很堅強，她做到了！在此我相信，她一定可以達到她事業上的理想。此外，在私底下我還是希望她可以有個幸福的歸宿！兼顧兩者才圓滿。

【方序】是客戶、朋友，也是戰友！

方立寰 / 莫凡彼總經理

我和虹汝，既是客戶也是朋友，也是戰友。從一開始我們就非常投緣，她的積極度帶來我對她的信任感。她對我的冰淇淋事業很有概念，我對她的網路行銷也很感興趣。她的行業所用的團隊都是精英，因此在人事管理上，尤其是高管部份往往流動率高，在物色新人才時她也會來跟我聊一聊。當年她在我公司做的簡報，十分縝密，說服力十足，因此這幾年我們就委託她在網路上為我們做行銷。岱瑪金誠的服務很全面，我們網路上的聲量具體提升，更重要的是，她協助我們的同仁更懂得如何經營官方網站及FB，我們已有了戰友的感覺。她是一個潛力無窮，可塑性極高，想做的事很廣泛的人，我每隔一陣子見到她，就聽她說新的發展及項目，我雖無法預測她下一個項目會是什麼，但我對她的認識，我相信她做什麼都會成功的！

【林序】能接不同類型專案的全才

林孝杰 / 波蜜總經理

10年前波蜜的粉絲團委托岱瑪金誠營運，我先認識齊總，接著才認識虹汝的。她和老公合作無間，堪稱業界的「神仙俠侶」。她好似是個公關長，也長於擴展業務；齊總算是個文人，內斂穩重，兩人性格差異，剛好互補。我在台北有一間與她公司類似的小型廣告公司，身兼波蜜的甲方及廣告公司的乙方，與她雖然同行但從來都沒競爭過。虹汝是個能力及興趣都非常廣泛的人，好在她精力充沛，讓她能勝任她的事業。我最佩服她的就是她能接不同類型的專案！加上人脈廣泛，觸角廣，思路快，感覺只要她看準的目標，就一定能達標，她是全才。就事業而言，覺得她若能有穩定的團隊，她的未來會更精彩。但以老朋友而言，我更希望她在感情世界裡也能看準目標，找到歸宿！

【酷序】義不容辭要共襄盛舉

酷炫 / 網紅　東東　廖助理

很訝異也很榮幸，知名的「岱瑪金誠」陳虹汝總經理邀我參與她的《網紅大賽》賽事！我的訝異是：眾人以為「網紅」是年輕人的世界，但她以資深的廣告人身份認準「網紅」的進行式而有所投入。我聽說當年她是業界「第一個」投入網路營銷的黑馬，看來，她又要開創另一個「第一個」：營運網紅！我的榮幸是：她認可我的工作，覺得我的參與有助《網紅大賽》，我當然是義不容辭地樂觀其成，共襄盛舉。我希望我的薄力，能和陳總一起為網紅們創造新的聲量及商業產值。值此她新書發表之際，我期待的是網紅世界裡是真的不分年齡的，就由《MiiShare網紅大賽》開始。

【鄭序】早就該出書了！

鄭茂發 / 名留美髮集團董事長

一晃30多年了，名留集團創始於1982年，由零開始，感謝我們的「名留、上越、PS、AT」等4個連鎖美髮品牌被市場肯定至今。我一直認為「人才決定市場」，這是企業的根本，所以，對內對我的團隊，不管是小從助理，大至高階主管我都抱持著感恩的心來相處，而且我非常重視從基礎技術課程至激勵心靈成長全方位的員工培訓計劃。而對外，我把廠商及客戶都當做自己的伙伴，這近年來，我與之共事並獲益良多的，就是長於網路營銷的陳虹汝總經理。無論是跑在別人前面做網路營銷，還是在各種場合鋒芒畢露吸晴，她都是一馬當先無所懼的女戰士。聽聞她要出書，我倒還覺得早就該出了，書裡許多有趣並有助大家認識她及了解營銷捷勢的寶貴資訊，大家不要錯過了！

【吳序】數位執行力的女企業家

吳曉倩 / 英屬百慕達商友邦人壽保險台灣分公司行銷部
-品牌暨企業溝通協理/亞洲網紅IP產業發展策進會理事

嚴格說來，Michelle不是我會深交的朋友類型，但現在卻是我最喜歡約見面聊理念的對象。她積極、充滿活力，腦子裡永遠有好幾件事同時在轉，執行力比一般人快好幾倍。以她目前的成就，著實無需如此賣命，但她堅守對她先夫的承諾，以企業家的資源與能力，照顧著公司、員工及社會上需要幫助的人。為了讓嚮往網紅世界的年輕人能有正規的體系來發展，她親力親為地籌組「亞洲網紅IP產業發展策進會」，邀集各界賢達提供實用的訓練與機會來增加年輕人的見識與正確價值觀，期能將台灣影響力帶進世界。閱讀她的傳記，更能感受到她滿滿的正面能量，非常值得各位一讀。

【陳序】陳虹汝帶你一次掌握營銷策略與趨勢

銘福集團副董事長 陳奕潔

虹汝是我建研會29期的學長，我們有著相似的共通點，不畏懼、很敢衝；不論在人生之路或經營事業上難免遇到打擊、挫折、失敗、困擾和苦難，但我們選擇戰勝它、超越它，因為，成功不是一帆風順，要經過多次的試煉而成，成功營銷亦是如此。

虹汝學長書中展現出堅毅的生命力與獨特的創意銷售技巧；在全球疫情肆虐之下，人們的消費習慣有著重大改變，會發現不少實體零售店鋪都開始陸續轉型發展線上生意，因此，掌握並善用數位行銷策略更可以幫助企業做得更到位，也能使潛在客戶更多元、更廣泛。營銷的最終目標是「滿足需求和欲望」，不只賣精神感覺，面對不同客群，運用數位科技量身打造行銷策略，透過本書帶你一次掌握營銷策略與趨勢！

【張序】身體力行的創意行動派

張淳淳

蜜雪兒郡主是位人美心更美的女企業家,她隨時充滿創意的思維,更難得是,她擁有嬌美的女兒身,但配備著比有些男人還要熱血的身體力行。她舉辦網紅大賽及成為女性企業家的KOL!是實至名歸的。這本書是作者本身的故事,勢必感動更多靈魂,激勵許多女性後進。

【自序】「2碗麵」的故事： 由《將軍牛肉麵》《Miishare101 網紅大賽》到《AI智能房地產》的營銷世界

陳虹汝

20幾歲時曾看一部電影《蝴蝶效應》，一個小動作一件小事一句話，可能會造成大影響大變化。我的人生就是一場《蝴蝶效應》！我常想：如果沒有認識2位大廚師、沒有「2碗麵」的神奇遭遇；如果當年沒有到台北；如果我沒有挑戰營銷這麼高難度的產業……今天的我會是怎樣的人？如果我做了不同的決定，是否就會有不同的人生？我會不會後悔？答案是，肯定會不同！肯定會後悔。以我的輩分跟年齡，好像還不到可以出書的地步。就在我還在評估及猶豫之際，華人世界寫書演講繪畫最多的作家陳艾妮告訴我：「遲早要做的事，就馬上做。寫一本前半生的自傳，會是一個里程碑，有助你後半生及事業能有最好的規劃。」她簡單直接的話讓我覺悟：盤整成果並清倉垃圾，這樣一本書就是人生重要的里程碑，也是交待及紀錄，我

寧可提早把它做完。人生無常，我不要等到七老八十動不了時再寫自傳。整理前半生，讓自己更清楚未來的走向，更有智慧做抉擇，更有勇氣去面對接下來的所有挑戰。

回顧我的事業，正在整個業態翻轉的轉捩點上。這讓我感到，我的故事就是一個時代變化的故事。我來自台中一個普通家庭，有機會成為服務各大品牌的營銷公司，代表著只要努力，舞台可以由自己創造，這也算是一個勵志的話題。通過我的眼睛及事業，我得以去窺探這個行業的事業版圖跟拼圖。

小小的力量可以帶來很大大的改變，我的信念：「不怕慢，只怕站；不怕站，只怕轉。」人生不要原地打轉，只要前進，不論速度，生命就是活的。一路走來，有蠻多的奇遇。我的行業讓我跟很多的企業主，由董事長，副董到行政人員共事，光是這部份就值了。從小就這樣：總覺得世界的另一端有另外一個我、一個影子一直在觀看著我。我並不是雙胞胎，但我總覺得有另外一個我，在陪著我像一個運動員般地在努力及奮鬥。我的性格是不服輸，是一種願意去面對一切的狀態。創業很累！？但當乞丐的更

累，世上沒有輕鬆的事。人生就是不斷地進階及更上一層樓，路上必然充滿了挑戰及困境，我永遠會是一個商場的女戰士。我仍然追求數字的成長，營收的提升與獲利的提高，但追求的動力及意義感已不一樣了。對我個人而言，每天都在做我擅長的工作，擁有許多貴人及姐妹淘們，還有個性化的洋裝數百件，尤其是各種深淺的紅色小禮服，我心滿意足。基本上，設定的目標都可以達到，這是我人生的小小得意。我慶幸我依然身心健康，還有戰鬥力，所以我就該創造更多的產值，更多的去服務客戶、並用自己的獲利去回饋這個宇宙，我想為地球與人類做貢獻。這不是高調與天方夜譚，我追求身心靈的健康平衡，財富自由，行功立德多做善事，這全是真的起心動念。不管是事業還是生活，我總是想多想到一分，多幫別人一點點。廣告營銷這個行業讓我的人生如此精彩豐富，只要生命給我機會，我就繼續勇於迎接擁抱它。世上的一切都是帶不走的，唯有分享的感情及智慧能永續存在。先利他再利己，是福報的存摺。有緣走到一起的人若能共事，要互相尊重、珍惜，然後一起前進，福氣及財富都是要儲存的。我

自|序

會繼續秉持這些信念：

1、只要夢想在手、絕不放手。

2、疼愛自己的女人、才懂得疼愛別人。

3、女子就是一個好字。

4、人生是場遊戲、端看你如何過關。

5、盡情享受當下、無懼挑戰……

寫書過程中，回顧過往，心裡是五味雜陳，酸甜苦辣本是人生本質，它是我們永遠要做的功課。有些刻骨銘心的事，會因歲月而忘記了那些體驗及感受，要做紀錄就要及時。我雖渺小，但曾盡我的全力投入了。我相信，這本書裡一定有些值得閱讀的故事，及一點點可以幫助、鼓勵到別人的見解。無論現在的你是幾歲，我的故事值得你參考，值得在思想及靈魂上有交流。它是個很重要的一個小句點，要走到最後那個大句點前，每個小句點都是重要的小章節。每個階段都代表一個成長，最怕的是經歷過、付了學費卻沒有學到東西。它是一個反芻，它對社會有貢獻，也會回饋給自己。我願意繼續接受挑戰，也很想要有人給我正面鼓勵，與我一起打拼。這本小傳，是為自己、

也為廣告業留個小小的紀錄。我相信，幾年後的我又會有不同的思維跟見解，那時候的自己又更不一樣了，所以現在做這些紀錄就是未來可以比對的材料。此書定稿時，病毒在地球上為禍了近3年仍沒有離去，這讓我們更要珍惜現在所有的一切，懂得還能正常呼吸就是極大的福報。感謝一路來照顧我的客戶、參加網紅大賽的參賽者、贊助商跟媒體，我相信未來的路會更精彩！

這一份回憶是刻骨銘心的濃縮版，出版之際，許多人告訴我：早就該出這本書了。寫書需要一點勇氣，但它是有意義的。期待這本書讓舊雨更了解我，讓新知來與我交流，我永遠期待結交好朋友。我的人生充滿許多無心插柳及始料未及的考驗，但回顧起來都是正能量的，也是對我有幫助的。人生說「過去都是回憶，只有現在是禮物，Yesterday is Memory, Today is Present」，不管疫情及市場如何地考驗我們，讓我繼續合作接收享受生命及商場賜與我們的禮物(Present)吧。

陳虹汝 寫於 台北 2022年9月9日

PART 1

自嗨自得快樂成長的大姐大

自嗨自得快樂成長的大姐大

▌老大性格：大家族&長姐如母

出生於台中北屯的超大家庭，爺爺就有近40個孫子，而外公家人更多，多一倍。五代同堂，所以我很習慣有許多堂弟堂妹、表弟表妹的熱鬧家庭生活。我是老大，是個女兒，重男輕女是傳統，當然就期待第2胎會是男的，結果還是生女的……，我媽媽就在這樣巨大的壓力下繼續生，第3胎、第4胎、拼到第5胎都還是女的。記憶中最深刻的，就是每隔一段時間媽媽就會繼續懷孕，每天求神能一舉得男。「長姐如母」的我，直到國小2年級每天都要幫忙照顧妹妹及抱新生嬰兒。直到國小3年級我媽生第6胎，終於我弟弟出生、讓我們陳家能傳宗接代、她終於解脫壓力了。記得那時家門口就放鞭炮，還送紅蛋，全部親戚都上門來恭喜，只能用「舉國歡騰」來形容。我那時候才感覺：原來男生有這麼多好處？有趣的是，弟弟一出生，就有人要叫他舅舅。5女1男，6個手足的家庭生活，讓我從小就愛熱

鬧，從無孤單的感覺，也因此培養了我愛照顧人，能感受到別人喜怒哀樂的老大個性。

歡樂大家庭：百家飯與制約壓力

我的家族不愁吃穿，從小都不知道房子是要花錢買及房貸的，因為每家都有自己的地，親戚家的房子也是自己蓋的。印象中的童年家庭生活，就是身邊有好多大人和小孩。好處是肚子餓時不必等家裡準備好，可以到伯母家看看，也可以到三叔家，都可以坐下來就吃飯。我的人緣好到永遠都不會餓肚子，我算是吃百家飯長大的。擁有歡樂的大家庭，但坦白說，壓力也很很大。大家庭裡有許多雙眼睛，孩子是不能夠交壞朋友、也不能夠有出軌行為的。長輩要求我們對爸爸媽媽要孝順，對人要有禮貌，對整個家族要負責，不能讓家族丟臉。大家族會保護小輩，同時也給了我們制約。

▌眾望所歸：只笑不哭的準選美小姐

據說小時候的我不會哭，只會笑。每個人都喜歡抱我逗
我，想激我哭一下，但都沒成功。我非常嘴甜，性格好，
長得也不錯，客人來時都會跟我講話，問東問西的，我都
能有問必答，他們說我從小就像個聰明的鬼靈精小大人。
很多人都對我媽說：「妳這個大女兒長得真是漂亮，將來
肯定是選美小姐。」我在嬰兒期時手指腳指頭就很長，大
家又認定我長大絕對身高很高又能彈鋼琴⋯⋯這讓我媽對
我的期望更深，讓我的壓力更大。但日後我證實：手指長
跟身高與彈鋼琴的本領一點兒關係都沒有！我小時候只有
一張童年照片，是幼稚園大班時我媽媽偷偷的帶我去拍
的，那個年代錢都是奶奶在管，媽媽沒有私房錢只能偷偷
存下一筆一個月的買菜錢帶我去相館、讓我手上拿了一隻
熊寶寶布偶拍的。她說：「每個人都說我漂亮的女兒是以
後的選美小姐，所以一定要留一張照片！」這照片只有我
有，妹妹們都沒有⋯⋯。長大以後，總聽人說我小時候多
漂亮，我自己倒是有替自己緊張，以前要是有人口販賣的

人看到我，我大概就被拐走了。

恨鐵不成鋼：嚴母責打下的求生術

我媽媽對我非常嚴格，我做錯事，她一定痛打我讓我記住是什麼錯，還會一直訓話：「叫你不要這樣，你要這樣。叫你這樣，你為什麼不要這樣？……」舉例：我答應6點要回來吃晚飯但拖到晚上7點，我說了理由是去田裡玩忘記了，但媽媽不管我說什麼理由，還是一面打一面訓話，給我雙重的壓力，沒有通融。媽媽書沒有念很多，但是她教會我做人就是要實在：小孩子要懂禮貌，做事要瞻前顧後，讀書或玩樂都要記住分寸。媽媽會做衣服，她會車一些衣服裙子給我穿。我是媽媽的第一個孩子，但不是家族期盼的兒子，所以感覺媽媽把我當兒子在養，她需要我功課第一，考試第一，運動第一，什麼都要第一，但我知道她是非常愛我的。我是求生技能很強的人，面對這樣的媽媽，練就了我的適應能力，除了找遮蔽物外，也懂得去找阿嬤撒嬌請阿嬤帶我回家，通常就能逃過一頓打。應

該是因為我是長女，又希望我能證明女兒不比兒子差，因此媽媽對我特別嚴格。我知道她的心意：我要是個兒子該多好。我又聰明，又可愛，國小時期的學業成績好，又這麼有人緣，我一走出去就爹爹疼奶奶愛……就可惜是個女兒。念書對我來講沒有壓力，前5前10跑不掉，但媽媽總期望要抱更好的成績回家。媽媽恨鐵不成鋼，所以成績單拿回來時被打變成家常，沒有考上第一名時就會被揍。但我一下子就忘光了。小班開始她就抓著我的小手教我寫123，她的手力氣很大讓我的手會痛，但我也不敢反抗。也要背乘法表：11得1，22得4，33得9，硬生生的把功課灌到我身上來。媽媽想望子成龍，便望女成鳳。但我是懂得的，這都是因為求好心切。小時候，只要我媽不罵我，我就很開心，我的歡樂很簡單，考試又不是天天考，而籃球和躲避球隨時都可以打。這是一種大家庭的個性，大家開心我就很開心，大家有飯吃我就很滿足，我想要大家都有得玩。

嚴母慈父：父親是避風港

聽說，我爸媽是相親結婚的，並無感情基礎，當年就是親友說「你們村裡的這個人不錯，我們里的這個也不錯」，就這麼相親結婚了，他們一生平凡白頭到老。我爸爸是個溫柔敦厚的很老實的人，很孝順我爺爺。我家是嚴母慈父！媽媽生小孩時爸就會再買糖果給我吃，當時，小孩不懂大人生孩子的壓力，只是很期盼能吃到糖。父親不打不罵我，在我的記憶裡面，他對我沒有凶這個字。我媽媽打我的時候，他就會在旁喊「不要打了」。我記得我這一輩子就被他打過一次，好像是國小3年級，就僅此一次。他不打我的臉和手，而是把我的腳板拉起來，拿木板打我的腳底，應該是他不想在我身上留下疤痕。腳板那麼寬，打下去腳還是會痛的，打完爸爸輕描淡寫地跟我講：「以後不可以這樣子了。」他照顧家庭及小孩，是個很負責任的爸爸，不賭也沒有任何的壞習慣，很顧家，我們都很愛他。他不善表達，不講太多話。童年生活，沒有大富大貴，但他的海納肚量，包容這個大家庭裡的每個人。他就是一個溫暖的木頭跟石頭，他示範了「負責任」這3個字，讓我看到了誠信，看到一個避風港，我很慶幸我有這麼一個溫柔敦厚的父親。

▌「郡主」童年：和堂哥們在陽光下成長

我的童年是很歡樂的，只要把功課做完了，剩下的時間永遠就是玩。我喜歡戶外生活，能玩什麼就玩什麼，我很皮常玩到天黑也不回家，走在田埂上也不老實，所以常掉到河溝裡，一身泥回家當然又一頓打。身為長女，在媽媽還連續生妹妹的那些年裡，基本上我是被設定是要當男生的，而我的個性也很鮮明，沒有小女生的扭扭捏捏，從小到大跟堂哥們一起玩，簡直就是個小男生，我的運動細胞特別好，等於是在陽光下長大的。打躲避球、跳高、抓青蛙，打籃球……簡直玩瘋了，就這樣子一路長大，從沒有感受到男生與女生的差別。從小不玩芭比娃娃，小學一年級開學時，我還在玩泥巴。我認為自己沒有受到「重男輕女」的歧視，本質還是個女生，所以在我設定自己的網路人設時，我選的名字是「郡主」而非「女王」。因為我認為，女王永遠只有一個，但是郡主是父親的女兒。我認為每一個女孩都是父親心中最愛的小孩，可見，我的內心深處，還是守著「女兒」角色的。

▍有如幼稚園：熱鬧的手足生活

想像一下吧，6個兄弟姐妹上桌吃飯的場景，那簡直就是蝗蟲過境。你得趕快吃，不然就沒東西可吃。好吃的東西上桌時，我也顧不得自己是大姐，一樣得動作精準搶食物，這也是一種生存訓練吧。我媽媽包水餃，總是來不及再包就被吃光了，粥也是一鍋一上桌就吃光了。豆漿買回來來不及加熱就沒有了，甜點更是如此，幾秒鐘就被搶完。動作不快的話，你什麼都吃不到，所以我媽煮東西永遠是用大鍋的，這樣才能一次上桌，大家吃完後就不會很吵。我的三嬸每次來我們家都講，你們家好像幼稚園啊，**轟轟轟**地好吵，她就待不住，待10分鐘就受不了要回去。而我們自己人在一起早就習慣了吵鬧聲，且兄弟姐妹的感情真的還不錯。有趣的是，小的時候我像大姐，越大我越像小妹。小時候我出去打工賺錢，拿回家吃的用的，看到什麼好的都想帶回家，帶著我妹妹出去時也怕被人家欺負而要保護她們。可是長大後他們反而把我當妹妹，難得回老家，他們就來熱情照顧我，讓我十分感動。以前我以為我

會照顧弟弟妹妹一輩子，忽然間大家都結婚了，各有各的家庭也有小孩了，只有逢年過節才會齊聚一堂。現在是大家會彼此打電話，交通和家族的賴群溝通都方便，大家庭的和睦與互相幫助，讓我非常慶幸。

▍幼稚園第一天鬧笑話：吃5碗炒飯

我媽媽跟大舅舅相差20歲，外婆在生我媽媽的時候，我舅舅在生女兒。也就是說，我舅舅的女兒和我是同時間一起長大。我媽很幸福，從小不用做家事，長大就嫁人，不用煮菜，雖然生了這麼多小孩但有女兒及家人照顧……導致她不懂得做美食，煮的炒飯都是軟軟爛爛的。我提早被送到幼稚園去念小班，第一天去才見識到什麼叫做「炒飯」！幼稚園的阿姨炒了一盤大廚等級、粒粒分明、又有火腿等加料的經典炒飯，好吃到我囫圇吞棗吃了5大碗。此事讓老師專程來做家庭訪問，想查證我是否家庭貧困，還是在家裡受虐？是否餓很久了才會吃光炒飯？老師來過後才知是誤會，但這個笑話傳到了整個家族，從此只要家族

不管是逛街還是帶我去游泳，每個人都會問我「肚子餓不餓？吃飽沒？」其他的孩子他們都不會問，就只會問我有沒有吃飽？一直問到我國小2年級，才知人人問我「有沒有吃飽」的誤會。事實上是，從小我的食量就很好，至今都是如此。過了小時候的搶食物階段，現在的我有能力，當然不再是搶食而是分食。人生不要小氣，自己少吃一塊肉不會死，少喝一杯飲料也沒什麼，快樂也就是「分享」。

▍摩羯女戰士：從小打抱不平

我的「戰士」形象從小就很鮮明，我看到不對的事情就會出頭，記得幼稚園大班時上洗手間，看到一個男生在揍一個跟我2妹長得很像的小女生，我想都沒想就衝過去把那個個頭比我大很多的男生拉開，並且和他對打起來。後老師跑來才把我們拉開，可見我打抱不平性格藏都藏不了。大班讀完要上小學，但我年齡未到，因此「被退貨」，大班只好回鍋再念一年，結果我就多了一個綽號「老油條」，一回家，家人就說「老油條回來了」，搞得我莫明奇妙。

國小六年級時班上有個姓賴的女同學，她仗著功課好，到處欺負辱罵同學，講的都是八字經、十字經…的髒話。有一次她欺負我的好朋友，我去討公道，從此其他同學都不敢跟我坐在一起，因為怕跟她對立，後來我才知道她這就叫「霸凌」。好笑的事，她長大後居然成為賢妻良母。我這一生經常有人跟我說：你也溫柔一點吧……我在幼稚園就曾試著要學習溫柔，因為班上有一個名字跟我只差一個字、眼睛很大水汪汪、皮膚白白的女生，她每天上課就是哭、哭、哭… ，她只要一哭，老師就打電話請家人來接她回家。我很羨慕，若上課就哭就可以回家？那我也來哭哭好了。但我模仿她開始哭，老師卻說：不准哭。我問為什麼她哭可以回家，而我哭叫我繼續上課？老師說因為她很柔弱，而我的哭是胡鬧。這件事讓我覺悟，哭對我而言是沒用也沒有必要的，我天生愛笑那就只好繼續笑下去了。童年的不開心，就是考壞了被揍，但是沒多久我就會全忘記了。到小學時班上搞派系，小6時我跟我們班第1名槓上了，這個經常考第1名的女生，很喜歡罵髒話，髒話可以從1個字講到6個字、8個字，可以把人的祖宗18代都罵完，全

班都不敢對抗她，只有我敢，完全不怕主張正義會傷到自己。如今在商場許多人稱呼我為「行銷女戰士」，沒錯，從小我就是摩羯座的「女戰士」。

▌夜夜飛天變魔術的奇夢：8歲穿耳洞才停止尿床

童年的成長環境很單純及歡樂，聽的都是像北海小英雄這類的台語歌及兒歌，不知道什麼叫流行歌。但記憶中有一個無法解釋、一定要分享的奇事：由小班開始我每一天都會做一個奇怪的夢！夢到我在天上一面飛一面變魔術，我一直在飛，當我媽叫我「起床」時，我就夢到由高空中掉下來，接著，就尿床！當時的我沒有跟媽媽講我掉下來的事，因為，我以為全世界的小孩都會每天做夢到由空中掉下來並且尿床。我沒說，媽媽不理解，當然很生氣就打我，要我換褲子。當時的我還小，衣服扣子都還不太會解，也不太會脫衣服，而媽媽一面打我一面硬脫我的褲子，當時穿的牛仔褲尿溼後很難脫下來……就這樣，每天都尿床，每天都讓媽媽洗褲子和被子。一直到了8歲，我看

表妹戴著漂亮的耳釘，我就要姑姑帶我也去穿耳洞，結果
那洞口發炎流膿後再結痂，但我堅持用各種方法留住這耳
洞，讓洞縫合後再穿刺它，即使再流膿也一定要留著，這
事我堅持到小學6年級來保住這耳洞。有趣的是，我是刺耳
洞的那天開始，這夢就不再發生了。

神氣的校隊：運動員精神

喜歡運動！下課後就跟堂哥們打籃球、躲避球、跳遠，且
都一定要贏他們。對我來說，男生女生吃飯運動都在一
起，沒什麼差別。體育課就是我的神氣時刻，比賽時兩班
對峙打躲避球，到最後常常就是我們班就剩我一個，連男
生都被出局。我一定堅持戰到最後，努力閃球，不容許輸
球。老師們都讚許我優異的耐力，我認為這是與生俱來
的。記得國小6年級一頭像鳥巢的捲髮，非常醜腆、教學很
認真、很會打乒乓球的班導師詹敬忠，有一天叫我去操場
跑步，當天既沒有穿運動服，還穿著皮鞋，反正老師叫我
跑我就跑，結果13秒跑完100米，原來當天是要選校隊，就

這樣我就進了校隊。進了校隊人生就酷炫神氣了，因為同學都穿黃色運動服，而我是穿紅色的校隊服。每次出去比賽時聽到同學們的歡呼，覺得好像上戰場般地開心。他們說我跑得快，接力賽時，不管是100還是200米，總是安排我跑第一棒或最後一棒，當我的伙伴們跑輸了，我就一定要追回來。我很專注，每一次都好期待那個槍聲，心臟咚咚咚地準備著：5、4、3、2、1！我體驗的是團隊精神的重要。團隊不能夠丟臉，我也不能拖累隊伍，為了團隊不能都輸人家，「輸人不輸陣」。6年級畢業時我的學生手冊上面，老師給的評語是「積極努力向上」，哇，我這才知道我的人生優點為何，那就是人生第一次看到「積極」兩個字。但老師又加了一句：「脾氣要修正」。我的小學時代，許多快感及光環，都來自運動場。運動員的特質，讓我從小奠定這個信念，做事情就要盡全力。

人生的偶像：美麗聰明的大堂姐陳淑芬

書讀得好，總是得到全校的市長獎的大堂姐是我的偶像，

也是我人生頭痛的原因。在大家庭裡，小孩優不優秀，會決定大人在家族裡的地位，因此我媽媽就嚴格要求我以她為榜樣。她是大伯家的老大，家族中的每個小孩都會被拿出來跟她比較，我是我家的老大，所以我考不好馬上就會被我媽揍。大堂姐頭髮很長，長到屁股，綁辮子後走路都會晃來晃去，她走到哪，我就跟到哪。她做家政，我就學她做家政；她把地理課本上的地圖用顏色標出山川，我看她畫就跟著畫。她學珠算，我就跟我媽說我也要去學珠算。反正她學什麼，我就也要去學。她考上台中女中，伯母就放鞭炮，這讓我許願日後我也要考上台中女中，她是我人生一個很重要的偶像榜樣及學習對象。大堂姐，讓我壓力很大，但我同時也很崇拜她。

▌ 人生的學習：小堂姐的焊鐵流星雨

大堂姐給我的印象全是好的，但她的妹妹陳淑芳，也就是我小堂姐就完全顛倒。她小時候會整我，記得3年級時，工人在樓上焊接整修，飄下許多美麗的火光，我說：「很像

下雨哦。」她就說：「妳想不想去淋一下？」傻傻的我就說好啊，就衝了過去。結果當然是哭著回來，因為火花燙到到身上是很痛的。她經常整我，另一次是說兩個人都用布把眼睛蒙起來直走，都不准看，來比賽誰走得快。教訓還不夠的我又說好，就蒙起眼來，往前面一直走……最後撞到了柱子，痛得睜開眼，才知道她早就把布拿下來，根本就一直睜著眼睛看我的笑話。當我撞得發腫時，她卻笑得好大聲。這個玩笑很危險，有可能出大事出人命，問題是我也不警覺。會讀書的大堂姐讓我學到了認真學習，愛整人的小堂姐讓我學到的是對人對事都要學會分辨，對外界有防範。除了我媽以外，她們兩個人對我也是蠻重要的。

澆息才藝夢：與舞蹈、音樂、文學與美術絕緣

雖然家境不是非常富裕，但我學了芭蕾舞！在幼稚園時看到別人中午學芭蕾舞就可以不用睡午覺，所以我就回家吵著也要學，目的是為了逃避睡午覺。上課時老師要我折腿折背，把腳尖碰到頭，當時年幼的我骨頭軟，隨便就做到

了。學了3年芭蕾跳得好開心，這經驗讓我看到電視裡的舞蹈、奧運比賽、跑步或者是溜冰，尤其是溜冰雙人舞，都覺得好美好嚮往。運動的美讓我迷醉，所以有想過長大要當一個舞者。可是想歸想，總是馬上想到家族裡很會讀書、人人稱讚的大堂姐，媽媽天天要我向她學習，所以還是不要提的好，若提想做舞蹈家肯定會被媽媽K到死。後來我又聽人家說，學舞蹈很花錢，我只要聽到花錢兩個字，我就更不敢提了。為什麼？一家8口，全靠我爸一份薪水，怎麼能亂花錢啊？國小2年級巷子裡有戶鄰居每周都有鋼琴老師課，我聽到鋼琴聲覺得好好聽，於是跟媽說：「姐姐她們有學鋼琴，我也要。」因為我又鬧又哭，她就同意了。第二天我回到家來果然看到一台小小的鋼琴！天哪，那不是真的鋼琴，是一台卡通般的紙鋼琴，把我給氣死了，但現在回想起來，我真是幸運有這麼可愛的媽媽，她比我更童心。我媽媽很會畫畫，我有遺傳到她這份基因。但在5年級時我們的美術老師，是國小2年級班楊秀琴導師的老公，大家公認脾氣最不好的美術老師竟對我亂畫的作品大加讚揚，說我是天才？別人畫得很漂亮只有60分，

我的總是得到100分。這給了我一個幻想，日後我會是一個了不起的畫家。但我拿著這100分回家跟我媽媽說我要去讀美術時，媽媽馬上搬出「堂姐」，要我看人家是怎麼讀書的？亂講什麼學美術？不要一下這個，一下那個……那次以後，我就再也不敢有什麼想法了。我只有一條路：向大堂姐看齊，好好讀書！童年驕傲的事之一是，我曾寫了一首關於貓的詩，得到全校最佳創作獎，還刊在那個校刊裡，所以我也曾想說日後我要當作家，寫東西維生也不錯，後來又聽人說這個行業賺不到錢，這個火苗我就自己把它熄滅了。我媽媽從來不逼我學習才藝，都是我自己說我要去的。但懂事的我，就會因為要花很多錢而自己打退堂鼓。跳舞，畫畫，運動，唱歌我都很喜歡，但我媽媽規定我先把書讀好，若書讀不好，其它的都別提。我是識相的，自動澆熄舞蹈、音樂、文學與美術的才藝夢。

第一胎照書養：放棄運動明星夢

運動是我的喜好及長處，我也曾幻想日後做運動選手，去

做個滑冰或溜冰的花式選手或者跳舞選手。身為校隊，我
是校內的風雲人物，一般學生是7點到學校，而我是5點到
學校，因為要練跑步、接力、打手球(因為我手大好抓球)。
穿校隊的運動服走在校園裡，覺得自己像一個明星一樣，
尤其在運動會時，我的光環更是閃爍。那個時候的我，認
為身為運動校隊的我日後肯定是讀體育系。但媽媽常跟我
講：「我現在不逼你讀書，以後你會恨我，長大你會埋怨
媽媽沒有教育你。」有趣的是，她只對我這個長女如此，
對我的妹妹弟弟們，她就沒有這麼嚴苛的規範。我長大後
都笑說：因為媽媽已把力氣都用在我身上了，這可能就是
「第一胎照書養，以後照豬養」的道理吧。反正，我又識
相地自動終結了我的運動明星夢。

能放能收的家教：教會效率及效益的區別

我的家庭很平凡，但父母平和開放性的教育，培養了我勇
於嘗試的個性，讓我喜歡挑戰。我常覺得我的大家庭把我
訓練成有效益的人，因為每天一上桌吃飯，動作就要快，

若吃飯都輸人家，日後還能怎麼贏人家？還有，要以最快速度去挾菜，要挾有營養的菜，才是效益。舉例說明吧：一把錢丟上去，有2000塊，1000塊，100塊，50塊，一塊錢，讓你接！如你快速接到了錢，但接的是都是一塊錢，那就是只有效率。如果接的都是2000元，1000元，那就是效益。動作快，可能沒有效益。動作快應該要有效益。當然最糟糕的是動作慢又沒有效益。動作慢又懶惰的人，就沒有機會，機會造就有準備的人。我曾經天馬行空，但我的媽媽總能把我叫回來，讓我明白我還是得先把書讀好，若不是如此，我可能就這邊學一學，那邊不要了，最後那個又不喜歡了……會浪費自己的時間，像我的一些同學就東學西學或輟學了。回頭來看，我媽沒有讀過很多書，但她在無形當中規範了我。媽媽教我長期的勤勞，不怕困難，努力嘗試，不斷修正，這都造就了現在的我。很感恩，我擁有一個大姐大自嗨自得的成長期！

PART 2

中學時代展露銷售天賦

中學時代展露銷售天賦

▌脫離後段班：奮發得第1

過完國小升中學，歡樂陽光快樂日子就變了。堂姐考上台中女中、堂哥考到了台中二中，反觀我，學校竟錯把我分到後段班？我沒有進升學班？我的摩羯座性格怎麼能容得下這種事？所以主動向媽媽爭取要去補習。當時我家沒電話，只好去三叔家打電話打聽補習班，我三叔是個很嚴肅的人，在他家講電話只能緊緊張張地講兩句話就得掛掉，因此當時就立志以後要自己賺錢，幫我家裝電話。我開始懂得了，得好好讀書才能爭取到人生想要的東西，於是小小年紀自己安排去上了補習班，開始認真奮發用功，結果我馬上考了第1次的第1名、接著是第2次第1名、第3次又是第1名，功不唐捐，這讓我找回了我的優越感，並讓我如願進到升學班。考第1名是好事，但也造成遺憾，體育老師來班上挑運動校隊，問我考第幾名？聽到我連著考3次都第1時，他就把我淘汰了。我是很想進校隊的，因此很困惑為

什麼？老師說他怕他會被家長告，把會讀書的小孩子拉去
運動，於是我只好回到讀書的隊伍裡。

▌ 叛逆與頹廢的胖子：「臭氧層思維」的聯想

進到升學班後，馬上明白升學班和後段班的不同，升學班
裡真的是都是高手，而弱手還是弱手。之前認為自己很
強，發現班上都是蠻厲害的人，想跟他們PK一下，明白
自己不是最強的，我面對了挫折感。就這樣，進了升學班
反而出現了我的叛逆期。接著，發生了始料未及的奇怪轉
變，叛逆竟變成頹廢。只因為有一次老師說「臭氧層破
了，地球要毀滅了」，我的聯想竟是：「臭氧層都要破
了，那還讀什麼書？考什麼聯考？」這個說法竟然成為我
不必念書、覺得讀書沒意思的充份理由。我開始不認真讀
書，完全就只為了不念而不念，理由很荒謬。升學班裡，
體育課、畫畫課、家政課都沒有了，都拿去上英文數學的
考試科目，所以那時候根本就是一切為了考試的黑暗期。
班上厲害的人還是很厲害，很會念書還是很會念書，我為

了跟上進度，天天讀到10點才回家，一回家就再補償性的
吃，結果，一個瘦子突然在國中就變一個大胖子。回看那
時的照片，都不明白自己為什麼會胖成這樣？這對一個愛
漂亮的女生而言，是純然的黑暗期，我開始叛逆，地球要
毀滅了還有什麼好讀的？這段中學時代成績下滑，人生真
的是低潮到不行。因為覺得人生太失敗，開始性格有了自
閉的傾向。

「1公里是幾公升？」：體罰高壓的後遺症

還記得當時的老師也是很狠的，90分的才算及格，少一分
就得打一下，所以考80，你就要被打10下，你考60，要被
打30下。手被打到本能的縮回去，老師會把手再拉回來再
繼續打。這種體罰方式讓學習能力弱的孩子得不到啟發，
反而得到壓力。在壓力下，一旦心理抗拒，什麼事都感覺
會打結。記得有一次，在國一的下學期，我的偶像大堂姐
從門口走過看到我在哭，她問我在哭什麼？我哭是因為不
知道「1公里是幾公升？」的答案為何。那時的我就是不

能理解：為什麼公升跟公里不能換算？基本上已完全失去了思考能力。堂姐給我當頭棒喝，告訴我單位不同的東西不能換算……我才豁然開朗。我發現，我給自己太大壓力了，而源頭是老師和家長給我們的壓力。這讓我體會，凡事不要鑽牛角尖，這個「公里換算公升」打結的經歷，對我日後創業幫助很大：壓力之下思想會打結。

進了專科電子科：與原始碼為伍

經過那樣的初中，我的高中何去何從？我茫然了。既然不可能考上女中，那該報考什麼？也不敢問老師，因為覺得太丟臉了。私立高中及五專對我而言，都太貴了。正在猶豫中，聽到廣播，當年高職招考延後半個月報名，我就去拿了報名表，偷偷的去考。我很慶幸我們班沒有人來考，這樣就會沒有人看到我。考時還邊寫邊笑說，怎麼考題這麼簡單？揭榜後我考了657分，算是分數很高。進了省立台中高工再進到國立專科學校，班上只有4個女生，似是理所當然，我就變成班代。參加吉他社玩音樂，在一堆男生

中每天上著資訊科的課，我越讀越不懂它到底為什麼？基本電學，數位電子學，電表，線路圖，各種程式，還有微積分……我一個女生，我一邊讀一邊自問：這輩子要跟這些為伍嗎？這是一種鬱卒的感覺，每天上學都在想：我怎麼會跑到這麼一條路上？實在話，寫程式這個事情，對我來講，是一個巨大的負擔，要背那麼多的原始碼，寫著寫著……我真的不知道人生為什麼要寫程式？當時我的考試考得很好，可是程式就是寫不出來，這是怎麼回事呢？我很快就明白，未來的我不可能去當工程師。那麼要不要換跑道？

走出鬱悶：舞蹈與啦啦隊的正能量

上帝把一道門關起來，另外會開一扇窗給你。我找到了一個能量發洩的出口：跳舞！在音樂中舞動流汗是非常美好的事。從小愛運動，發現在音樂與舞蹈裡也能吸取正能量。每當聽到音樂節奏，我就會隨時起舞，心中的快感就有如泉湧。最開心的就是禮拜3晚上的LadyNight，帶著一

幫人去跳舞，大家開心，我就很開心。我不是純跳舞，而是在2個小時之內盡情流汗，這讓我打開封閉的心，跳到最後我變成VIP。當時我們學校的球隊出去比賽，總是輸，已輸了9年，我看不下去，就把全校僅有的36個女生組織成競技啦啦隊，也動員男生認真起來。那年，在大家的努力下，我們由9連輸贏到了第1名。這事證實了，不要因為過去輸，就認為現在得繼續輸，要懂得反敗為勝，扭轉乾坤，成敗都是事在人為。我沒有考上最好的學校，但是我給自己展開了另一扇門，一樣能發揮潛能、找到快樂。我學到了結交正向的好朋友們的重要，千萬不要跟那種會潑你冷水的人往來，跟負面的人在一起的話，你一定越來越退步。「友直友諒友多聞」的好朋友讓你理性；和愛運動的朋友在一起，運動能量就回來了；和愛唱歌的人一起唱唱歌，你會很開心；和愛跳舞的人為伍，你隨著音樂就開心起來……這就是環境的力量。

高中時代嶄露銷售天賦：創紀錄的賣炸雞業績

雖然喜歡唱歌，跳舞，運動，畫畫，但是到後來只能乖乖念書，但念書也沒念出大堂姐那樣的成績，我活在深深的挫敗感裡。再次，上天為我開了一扇窗，我發現自己其實另有一個寶貴天賦。這一扇窗，始於迫於生計。高2升高3時，我面對下學期需要的錢：補習費4萬多塊，學雜費3萬塊，還有，為避免遲到不能坐公車要買一台摩托車，也要3萬多塊。即使我有拿獎學金，但我還是缺很多。於是我四處尋找賺錢的路子，暑假目標一定要賺到7萬塊。一個高中生，根本就對「如何賺錢」「到哪裡賺錢」都沒概念。但因為我愛吃，一有機會就去超市「歡迎試吃」的攤子吃免費的美食，於是貴人出現了，一個炸雞攤位的老師很欣賞我，要我去幫他站攤，一個小時100塊外還給我獎金：賣50包以上一包抽5塊錢，60包以上一包抽6塊。在此之前，我從來沒有賣過東西，初生之犢不怕虎，根本就不知道到底能夠賣多少，為了學費就接了這個一天8個小時的工作。我真的覺得我賣的炸雞很好吃，對走過攤位前的每一個客

人就熱情分享，要他試吃。這炸雞塊有3種口味，原味，辣味和咖喱口味，炸起來就跟麥當勞的麥克雞塊是一樣的味道。這是多麼好玩的事，就只是分享真實的感受，把客人當成家人或朋友，我毫無障礙地吆喝推銷：我們現在買3送1哦……。我不覺得打工賺薪水是苦差事，只覺得超市是個好玩的地方，賣東西也是個有趣的新嘗試，結果一試就一鳴驚人。別人的試吃攤都是成年人站攤，只有我這攤是高中生。我的熱情，讓阿姨帶親戚來買，然後她的親戚的朋友也來買，那朋友又叫他女兒來買，連隔壁的攤位顧攤的人也來買……而我做的只是跟他們分享雞塊的滋味而已。一樣一天站8個小時，我看別人不推銷也不分享，心想：你何不回家站著就好了？我的認知是：領了工錢就要把事情做到最好。就這樣，我第一天結帳就創紀錄賣了到400包，當天就領了近3千塊錢。整個超市的人都嘖嘖稱奇，我的老闆更是高興。

▍「展售妹妹」實現夢想：學費、摩托車&裝電話

1天賺3、4千台幣，2個月就賺了8萬塊台幣。老闆娘非常
喜歡我，說，「妹妹，你考完試要不要繼續來我們這邊打
工？你有天生賣東西的本領。」但我知道，學歷還是蠻重
要的，得先把書念完再說吧。為什麼我的銷售成績好，想
想從小就是如此，我忙著玩而筆記沒有做好，同學就會主
動借我，是的，我的本領就是結交善緣，到了社會上就貴
人多，要銷售就需要這種性格。性格決定銷售，別的阿姨
姐姐站在攤位上都發呆，永遠我的攤位前很多很多客人。
我賣水餃，水餃就大賣；我賣雞塊，雞塊就大賣。這個暑
假我展現了天生會銷售的潛能，這個種子到後來進入銷售
世界後就再展現了。打工期中，我還沒有足夠的錢買摩托
車，老闆娘還會叫公司的業務開著卡車帶我去超市上班。
第1次打工賺錢，我，順利籌到了學費，幫家裡人每人買東
西，風光地用自己打工掙得的錢買了摩托車。最棒的是，
身上有了錢，沒跟家人講，就去打聽電話怎麼申請，坐公
交車去電信局申請電話，幫家裡裝了我家的第一台電話。

從此我就不用去我叔叔家。家裡有了電話，全家都好開心。

▌ 未能出國留學的遺憾：以EMBA來彌補

努力付出，然後得到，全靠自己，這種自力更生的感覺真好，我好有成就感！很奇怪，考試這件事，對我來說，得失心越重就考得越不好，平常心的話反而成績會上去，這個現象在我身上屢試不爽，我的成績不夠好，讓我的願望：出國留學無法實現。當然，另一個原因是家庭經濟，家中食指浩繁，我不敢想我能和別人一樣可以出國念書。但我想像過，若可以我想去英語系的國家留學。當時我安慰自己：人生的目標要等時間到了、自己夠成熟了、能負擔的時候再追求也不遲。那時候的我也許是更好的我，做那事時會更開心。後來在我經營網絡營銷時，就在2022年以Miishare101 網紅大賽為我的-政大EMBA碩士論文。我不抱怨給不起的父母親，因為父母親已給了他們能給的，其它的一切都應該由自己去開創。世事分明，水到渠成，時間到了，就能靠自己爭取到想要的一切。

▌ 愛管閒事：無心插柳進入銷售組識

我愛分享，也愛管閒事，常為朋友好打不平。在學校跑接力賽時，我要不是跑第一棒讓團隊贏，不然就是跑最後一棒把輸的救回來，這就是我的性格。進社會後，發現有一個同學在公司裡做不出業績，我這當班代的個性又發作了，原意是要勸她要好好念書，我進場了解狀況，暑假結束就一起走，我這是有情有義的友誼行動。結果沒想到一腳踏進去後，我們都被留下來了。因為，我讓她業績起死回生，讓才20歲出頭的她一個月就賺了5萬多塊錢，業績一發不可收拾。突然之間，我就變成大家想栽培的對象，上級也給我設定很多目標，本來是想幫完忙就要離開，最後我反而這樣歪打正著地加入了他們。這就是無心插柳柳成蔭，我起先是純粹想幫朋友銷售及帶團隊組織，結果因此一腳進入了這個系統。從此接觸到許多的教育課程，讓我發現組織，銷售和團隊都是非常有趣的事。

運動員精神：創造7位數的收入

我的血液流動的是運動員的DNA，這種性格讓我一旦設定了目標，我就一定要想辦法去完成。我無緣運動場，但我的運動員基因發揮在商場上，讓我無論碰到什麼困難與挫折，我都會想辦法克服。我總是為成功找方法，不為失敗找理由。我學會了把銷售流程組織化，系統化，一天兩場的銷售會，我不但兌現了我兼顧學業的承諾，還讓不到20歲的我就有了7位數的年收入。沈浸在這個銷售系統裡10年，我的成績斐然，20歲到29歲營業額由3千萬做到破億。我愛上銷售帶組織的樂趣，不給自己設限，在合法合規的狀態之下，不做犯法的事情，我對賣什麼產品都有興趣。直接真誠是我的本色，有些時候會給人壓力，但只要有機會讓我表現，我待人如對家人的態度，也因此結交很多很好的良師益友戰友。

必定成交：有如吃飯一樣簡單的銷售秘訣

我開始有了「銷售女王」的稱號，銷售能力對很多人來講很難，但對我而言，就跟吃飯一樣的簡單。於是開始有人問我秘訣，其實「江湖一點訣，說破不值錢」，我憑藉的，就是只這幾點：

第1，與人交流，一定要先有愛心。

不是真心地去交流，你的內心會很痛苦，對方也會察覺而反感。你會覺得，為什麼他那麼笨？為什麼他都聽不懂？為什麼他成長速度這麼慢？為什麼他們都做不出成績？你會很急，即使你的急是希望他好不是只是為了自己，但你就給了別人壓力了。以愛心來交流，聽起來很泛濫，但對我而言，是非常真實的。

第2，就是要耐心扶弱，且要持續。

耐心也是我的自我期許，經常會提醒自己要做到這一點。我時不時在急著把事情完成時提醒自己，與人共事時，我可以自我鞭策，但每個人的個性與家庭成長背景不一樣，不能要求別人和我一樣速度。就像以前在運動場上時，校

隊裡有人跑得慢，但我不可以輸，我就要把那一棒補回來
衝回來。團隊就是要去扶弱，要用自己的優勢去把弱的部
分補起來。以前我們總說「沒有不好的老師，只有不認真
的學生」，但現在又有另一種說法：「是老師教的不好，
沒有教不會的人，只有不會教的人。」而我認為，學習這
件事根本不能勉強，領導者必須看到每個人的優點，接受
他的缺點。學生時代運動的時候，教練講過：「不練習，
怎麼去跑第一名？不念書，你怎麼考大學？」所以做推銷
時，要持續，不要半途而廢。

第3, 愛分享就不會怕被拒絕。

我天生就不怕被拒絕，克服了初中的黑暗期後，人生總是
越挫越勇。銷售有什麼技巧？其實沒有，若有就只有一
個：不要怕挫折，你不要怕分享之後人家拒絕你。我發現
我種種才華的背後，其實就只這個特質：我喜歡分享！我
就是一個超級愛分享的人。你想的是分享，它就是一種動
力，就不怕被拒絕；你想的是要成交，那就是壓力，就會
怕挫折。我也並非一帆風順沒有挫折，過去的生活經驗，
有成功的和失敗的。它們融合起來，都有助於成交。

第4, 設定目標並懂得時間管理。

在帶人快10年裡，每天被分割成好多份，基本上沒有什麼時間睡覺。當你要達成目標的時候，就是跟時間賽跑。捨棄一些睡覺時間，回饋給你的就是數字跟收入，當你看到團隊的收獲及向心力時，你會有覺得是值得的。想要出頭？想要高報酬？就要離開舒適圈，一個人不可能一天24小時都躺平，要懂得把時間分配得均衡又用在刀口。

第5，識人。

人說劉備什麼都不會，他只懂得用人，但他真的什麼都不會嗎？我覺得他是什麼都會，他是懂得讓專業的人自動去做，因為他知道每個人的KPI在什麼地方。在中小企業裡，95%以上都是創業者步步為營起步，但創業期過後，事業要長久，一定要靠識人及擁有團隊與組織。

第6，用人。

我的策略是，如何讓一個人去做他該做的事情？**步驟1：領導者必須先用同理心，為對方設想他想得到什麼，想學到什麼？步驟2：然後把他需要的東西整理出來去做分享；步驟3，要帶著他做。**唯有帶著他做，才會知道什麼地方有問

題並幫助到他;步驟4,他再做一次給你看;相信我,步驟
5 就會發生,你只要站在旁邊,他就自己開始跑了……這就
是一個良性循環,且是一個彼此學習到很多的美好的事。

PART 3

「2碗麵」的神奇遭遇&事業轉折

「2碗麵」的神奇遭遇&事業轉折

▎愛吃成主顧：與《將軍牛肉麵》結緣

就在我忙著帶組織時，人生出現了一個奇遇，讓我進入了
另一個世界。事情發生在我28歲時，當時我和很多人一
樣，很喜歡吃一家位在台中學士路上、中國醫藥學院斜對
面的老店的《將軍牛肉面》。被稱為國寶的老闆張北河，
是一個奇特的老人，鬍子留得長長的，總是穿一件白色中
山裝。他太有個性了，小小店裡總是擠滿了人，客人吃完
東西跟他結帳，他用一隻毛筆在紙上寫上金額：多少元，
再用舌頭沾一下口水把紙撕下來給你，然後你把錢給他。
他坐鎮結帳台親自收錢，有如一場戲般，讓客人去吃麵時
都期待結帳時他有如書法家的「演出」，因此都願意排隊
等待。他完全沒有學過做菜，跟著軍隊來台灣後開了這家
麵館。其實他不是將軍，是迷上了下棋，客人得「將軍」
他後才肯去煮麵，因而得此名。他的「金廚牛肉麵」，用
的是腱子心加紅糟、豆瓣醬滷煮，這樣2塊有如嬰兒拳頭大

的肉塊讓人驚豔。亮澄澄的湯汁，不同於一般市面上暗棕色的牛肉湯。所以他的一碗雪花牛肉麵當年竟可以賣到780元，其它的麵最少也是300元，但去吃的人都覺得值得。他的麵紅燒清燉的都有，還有加了炒過干貝絲的九轉肥腸，都是一定要點的。很多人專程去台中就是為了吃他的牛肉麵，當時許多美食專家都去吃過並寫報導，有人稱他為廚神、甚至譽為他是國寶，讓他的店真有「聞香下馬」的氣勢，他的知名度高到有食品大廠要找他，要把他的麵變成速食品牌。這麵真是好吃，我就經常會去吃，因此和張北河成了朋友。

▍初試啼聲：競標網站上創造議題、宣傳發佈及規劃投資方案

那一天，我又去吃他的麵時，他就對我說：「妹妹請妳幫個忙，我想把這個麵館授權出去，我年紀大了，我小孩也不接，不想再賣麵了。」這位很厲害的國寶，為什麼會看上我這麼一個年輕人？可能是我嘴甜又討老人家喜歡的特

質吧？既然他看得起我，我雞婆的個性就又發作了。他要
把這塊商標賣掉，我認為是有價值的，我當場雖然答應幫
他想辦法，但其實心中並沒有怎麼幫的概念。回家後我開
始思考，我當然不能用打電話的方式去一家一家食品廠問
人家要不要，更不能去登報或在門口貼紅布紙……我想到
的是，我要用不同的方法來做這件事。剛好這時網絡正在
登場，一般人不知道網絡上有個競標的系統，但我是學理
工的所以我知道，於是把他的商標放上競標試試。沒想
到，就此一舉，讓我在別人的眼中成為一個非常厲害的品
牌操作者，而我自己卻是在莫名其妙之下，成為這樣的人
物的。

商標案傳奇：1360萬的高額網路競標

因為，第1天就有熱烈的反應，到了第3天，竟然有人飆到
1360萬新台幣要買他的商標？且第2名的標金是1200多萬，
只差100萬，這都是個天文數字啊？一個小店的商標竟值
這麼多錢？當時我還以為是有人在開玩笑，不敢相信這金

額，懷疑是不是有人亂寫的？就在我還沒有回過神來時，舖天蓋地的媒體瘋狂而至，由報紙、廣播、雜誌到電視台的記者們開始追逐我，每天早上8點就開始找我，而且稱呼我為張北河的「經紀人」。我感到太神奇了，我只是純粹的幫一個想退休的老人，我並沒有想到借由此事來賺錢，只覺得是順手之勞。沒想到無心栽柳柳成蔭，我就這麼變成媒體追逐的網路行銷經紀人了。那段時間，我天天要應付記者，被追了快兩個月，談的是到底最後誰會得標？為什麼競標？有什麼內幕或趣聞？沸沸揚揚的這段時間，我體驗了有如明星的光環。此事讓我體會到：幫助別人得到的回饋更大，同時，此事讓我訝異，網路新聞竟能帶動傳統的新聞媒體！媒體的力量我親身體驗到了。此案讓我學會如何讓品牌瞬間發生、讓很多媒體追蹤、以及如何進一步帶來許多的附加效益，這些都在我無意間做到了。初試啼聲，我無師自通學會了創造議題、宣傳發佈及規劃投資方案，真是不可思議。

▌最終變卦：交易胎死腹中

競標有了結果，老闆張北河應該要簽正式合約及做技術的
轉移，但最後並沒有真正成交。原因是他變卦了，他不願
意全盤轉移，還想留住他的老店繼續經營。投標者當然不
樂意，若原始店還在的話，購到商標的人即便開了加盟連
鎖店，可以預期大家還是會回到老店去吃，那這1300多萬
就白花了。雙方有了嚴重的溝通分歧而買賣作罷，原本非
常漂亮又轟轟烈烈的交易，怎麼最後會變成這樣子？我感
到沒成交太可惜了。可惜了，他的話題已經延燒了近3個月
了，本來可以讓品牌商標創造更大的風潮，但他沒有貫徹
初衷，讓一個本來非常精彩的商標交易胎死腹中。

▌第2個點子「1元牛肉麵」：溝通不良而中斷

沒成交，張北河又找我想點子，想重建聲譽，我就幫他創
造了一個全新的議題，發佈了「1元牛肉麵」的活動。這
1元其實是有條件的活動，麵店小小的投資目的在創造話

題。如我所料，活動帶來很大的迴響及新聞關注。商標沒賣掉，但他的生意更好，店門口更是大排長龍。但就因為生意太好，有一個記者跟他說了這麼一句「你小心一點，國稅局會查稅」，他就在沒有通知我之下，片面瞬間卡掉這個活動，造成不好的印象。隔了兩天他又來找我：「妹妹，你再幫我想第3個辦法。」我很為難，因為不知道該怎麼再繼續幫他。我事後省思：問題出在我和他沒有溝通到位，讓他一直出狀況。這個寶貴教訓是：不管是事業合伙人、同事、長官下屬或朋友，只要牽扯到團隊，都要密切持續溝通。在商場必須要有始有終，要言出必行，進行中持續溝通，事後要做檢討，不要犯同樣的錯誤，這堂課讓我明白溝通千萬不能斷，一斷就會出現不當的決策。

好心有好報：一腳跨進行銷業

我最開心的事，就是吃東西，食慾及食量都很大，回想起來我的早期事業都與「吃」有關係。張北河《將軍牛肉麵》的奇遇，就是因為我愛吃牛肉麵而得到老闆的信任委

托。此案雖然熱鬧了幾個月就華麗退場，但我因此對美食
及行銷興趣大增。當時這事件每天都在熱搜上，電視也在
播，而我們沒有花到半毛錢，同樣的，我也沒有拿張先生
一塊錢，純粹是義務幫忙。剛開始我只是用單純的心幫一
個想退休的老人，好心有好報，結果我因此步入了行銷這
個行業。這個人生奇遇，讓我開始對行銷感到非常大的興
趣。我確實是這個事件的受益者，因為，將軍牛肉面的商
標案火熱的3個月裡，雪花般的信件問的都一樣：是誰做的
行銷？是誰做得這麼好？很多人來找我接案子。這個事業
非常好玩，因為我有塑造品牌的天賦。我親身體驗到：行
銷的藝術，就是創造人們感興趣的話題或焦點，只要激起
人們搜尋的興趣，就會產生買賣及轉介的流程，因為成功
的行銷是有一個SOP流程的。接了案子後我開始擔心，因為
怕做不好，於是我開始特意去接觸這方面的資訊，也到台
北報名各種相關的課程，我像一個海綿，拼命地吸取這方
面的知識。就在加盟連鎖的課程中，我又認識一個大師級
的廚師：闞興滬，於是，我的人生又出現了大轉變！

▌「2碗麵」：人生2次奇遇

我的人生因2碗麵而改變，我有幸認識2位麵點大師，得以
見識到他們伯仲之間的天地與千秋，他們的手藝真的是太
厲害了。《將軍牛肉麵》張北河的湯頭是紅汁的，而闞興滬
滬做的是北方的白滷(白色的滷味)，且手法神奇變化多。
白肉竟能做出各種變化？有鹹味的，有回甘的……。因為
我的性格，很多人都以為我是北方人，我也覺得自己跟北
方的機緣還是蠻深的。就這樣，彼此多次交流後，闞興滬
告訴我，他想成立加盟連鎖，希望我到台北來幫他做這件
事情。我本來就覺得和朋友一起吃飯是非常快樂的事，每
天我自己就要吃飯，又喜歡和朋友一起吃，也常在一些餐
廳吃飯，現在我有機會來開個餐廳讓許多人一起來吃飯？
這不是更好嗎？我好玩的性格就被激發了。想想又有機會
自我挑戰，我當然要試試看。於是到台北開餐廳這件事，
就覺得是順理成章的。2碗麵的奇遇，回顧起來，我要感謝
張北河及闞興滬，是他們，才讓我進入廣告行銷與網路世
界，繼而讓我從台中轉戰到台北，讓我有機會在餐飲業裡

有4年半的豐富經驗。很多人問我這個學理工的人為何有
「所學非所用」的事業？我就會說「2碗麵的故事」，這就
是命運之神為我巧妙安排的真實神奇故事。

▎《老闆廚房》：台北蛋黃區的北方餐館

之前在台中造成轟動的是紅燒牛肉麵，接著把我帶到到台
北的是清湯白肉牛肉麵。我一直以為我會跟我的家人一樣
在台中待著，出生、念書、進社會、工作、結婚生子，會
像我爺爺奶奶外公外婆一樣一世為台中人，但第2碗「麵」
把我帶到了台北。開始規劃開店後，很快就發現老闆資金
不足，不知怎的，談著談著，這第一家店竟變成由我獨資
來開。我也認為這沒什麼不妥，很順利地在敦化南路蛋黃
區找到地點開了《老闆廚房》。在學校裡，寫詩投稿、唱
歌比賽、演講比賽……我曾想像長大後要做個舞者或是運
動選手，做夢都沒想到的是陰錯陽差讓我進入餐飲業，讓
我快速理解做生意的辛苦。實話說，開這間餐廳時，我連
1斤米是多少錢都搞不清楚，可說是非常大膽。《老闆廚

房》有非常精彩的菜色，有牛尾麵，三寶麵；當然也有必點的清燉牛肉麵，還有很多的小吃，比如鍋貼，所有北方館裡該有的我們都有。還有各式卷餅：牛肉卷餅、豬肉卷餅。最棒的就是餡餅，豬肉餡餅牛肉餡餅都有；還有山東燒雞，水餃湯包當然也不缺席。菜色多成本高，可說是五星級的北方菜館。

▍保留「陳淑誼」的本名：以「虹汝」廣結善緣

在網上，有關「將軍牛肉麵」的紀錄都是我的本名「陳淑誼」，到了台北後有一位老師建議我改用有利人脈的名字：「虹汝」，於是它就成為我在台北商場名片上的名字。時下流行改名字，是身份證都去改的，但我並沒有改名，我的本名是爺爺取的，算是祖先留下來的，「陳虹汝」這名字算是我的事業名或筆名。這名字取的是對的，因為，我的事業就是「人脈」，這段時間我結識了許多貴人及老板。餐廳讓我廣結善緣，樓上有許多上市櫃公司的董事長及員工常常下來用餐，附近還有許多證券公司及

大陸工程的上班族……他們都是我的常客，其中有叫我妹妹的長輩，也有跟我要電話的追求者，他們都很關心我，甚至說經常來吃是很怕我這家店倒了的話，日後就沒有地方可以吃道地的北方菜了。我感受到一個服務業要做得長久，不光是靠產品的優質，而是靠和客戶之間的黏稠度。經營餐廳，讓我驗證了「細節藏在魔鬼裡」的真理，因為光是簡單的洗碗都是不簡單的。我有洗碗的機器設備，但還是要請專業的洗碗工。時間花在哪裡，成就就會在哪，學習也會在哪，很公平。開餐廳讓我了解客人的心態，菜色(產品)的研發及轉型的概念，這都是上課學不到、用錢買不到的經驗，對我而言，都是寶藏。

▋「上班族商圈」代表只有中餐人流

我的餐廳為何選在黃金地段的敦化南路商場？我本來沒概念，就只是問了幾個在台北的同學，每個都說，敦化南路是金融重地及精華地段，這表示這是高尚人群所在地，那麼肯定是吃得起的族群聚集地。我做了人流的研究，在商

場裡拿著計數器數人頭，也估算過一棟一棟大廈裡的上班族有多少人。看看：這一棟會有3000人，那一棟應有5000人，再一棟至少也有2000人。想想：這些人都要吃飯，市場還用愁嗎？果不其然，我這個店開了下去，還是真的是**轟動**，客人真的很多，知名度馬上衝了出來。但人流卻不夠，我馬上知道了，什麼叫上班族商圈？那就是只有吃中餐的人群，晚上沒人，週末也沒人，你等於是一天就只能做一輪，只有翻中午桌次的收入來源，這怎麼夠呢？同時，生意好也讓人頭痛，因為客人在排隊，菜出得慢就被罵。

▌高成本低利潤：五星級北方餐館

我信心滿滿，志得意滿地風光開張了，但享受五星級餐廳老闆的頭銜與榮耀，得付出白花花的鈔票成本。年少輕狂、心高氣傲的我，開的餐廳有傲人的五星級廚房設備，有最頂級的日本蒸汽烹煮機，連洗碗機都是意大利進口的最貴品牌。我的招牌用的是與麥當勞同等級的材料，光是燈管就要13萬台幣，我是用最高規格來開店的。可是，理

想及我課程中的理論，跟實際還是有相當大的落差的。之前就有聽人說過：開餐廳是「作戰」，我很快體驗到這句話的真實性。食材要當日採購，客戶要經營，每天準備開店，一大早去買菜開門，每天要弄到很晚。別人休息的假日就是餐廳人潮多的日子，等於人被綁住了。如何讓店獲利更高，工作更省？餐廳營運的成本有許多項，場地及固定開支及人事等等都要會計算才可能有利潤。要有議價能力才能買到好的食材，要讓端上桌的食材很新鮮，要把客戶的喜好及喜歡的老位置都記起來⋯⋯我一頭鑽進餐飲行業，學到了許多，但沒有賺到許多。高成本，低利潤，我頭痛了。

▎北方餐館的限制：無法成為東方的麥當勞連鎖

我很快就覺悟：要讓北方餐館成為東方的麥當勞連鎖店？沒那麼容易。現在回想起來，我太天真了，老闆期望他的北方菜館日後可以變成東方的麥當勞連鎖店，而我也誤以為自己能做到這件事，因此就用最高規格來開店，讓我的

成本比一般餐廳都高 。我力求餐廳的服務品質要穩定，
但發現回饋不符投入，因為餐廳畢竟是一個分眾的行業，
愛吃的人就是愛吃會回流，不愛吃還是不會來吃。尤其是
上班族，他們中飯晚飯會想換花樣，今天吃快餐後天吃日
式，再來會想換吃義式，不會天天上門，所以只能服務老
熟客，但喜歡你的熟客也許7天當中只會選其中一餐來。且
在台北的北方館已太多，吃貨客人不會只選我這一家。北
方菜的豐富菜色無法簡化如麥當勞，北方館並不是一個大
眾的主流，也欠缺年輕族群，很難讓它做大做廣變成連鎖
系統。我夢醒了，北方餐館很難成為東方的麥當勞連鎖，至
少我的能力無法做到，我不具備「鼎泰豐」的背景及實力。

▌覺悟兼評估未來：決定轉型

但功不唐捐，凡走過必留下足跡。我本來就有這個專長：
能在很短的時間之內累積不同產業的經驗。我在銷售組織
裡學到教育訓練，帶組織，開發與成交，後來再加上餐廳
的實戰，讓我抓住一個元素：要知道市場需要什麼。開餐

廳讓我學會以服務端的角度來看這個市場，這個同理心的經驗讓我具備日後在服務客戶時懂得客戶心理，會知道需要什麼培訓，及如何針對經營，管理，財務，業務與法務去建構出一個經營藍圖。這藍圖讓我在服務公關廣告客戶時對通路、商品銷售的定位與價格都非常管用。我學到了：不是做你自己想要做、你喜歡的東西，因為它們有可能是曲高和寡的產品。你要看市場的需求在哪兒，這和後來延生的營銷公司，精神都是一樣的。盤點我開餐廳的收獲，我決定「獲」利了結，開始轉型的規劃。

▍環保價值：轉型成蔬食館

當時每個人都越來越重視健康，很多上班族越來越輕食。我想，吃蔬菜抗氧化又環保、對地球又有貢獻，如果我的餐廳讓客人不再吃那麼多的作料及加工，可減少排碳，那麼同樣是做生意，做蔬食豈不是更有功德嗎？於是毅然決定轉型。我不要做葷名素食，我也不是宗教素，而是健康素。我的蔬食強調的並非素食，是有變化的、有焗烤的、

也有快炒及清蒸的、且口感不輸給葷食的美味蔬食。轉型很辛苦，之前是北方館，忽然之間改為蔬食素食，我心中本來也是沒有譜的。

36道菜&各種精力湯：成本降低外賣增加

餐廳的靈魂就是菜色，蔬食是一個大膽的改變，光是請廚師就是個大學問，會做肉魚葷食的廚師滿街都是，但能把蔬食做得讓客人回頭的就不容易。我得找到有蔬食概念的廚師，

我給最後甄選剩下的3位師傅各5000塊，讓他們做自己想做的菜，再把餐廳熟客請來試吃，協助我決定該選那個廚師。我這樣做的另一個目的是要讓老主顧有參與感，有他們的支持才會讓我更有動力。其中一位師傅做了非常有特色的冷盤，最後的意見整合，就決定以他的冷盤為我餐廳的亮點。我們提出一個主張：為節能減炭環保，至少初一十五，或初二十六，一個禮拜至少吃1到2次蔬食，給身體一次調整。菜色的美味加上訴求宣導，很慶幸立即得到

客戶的肯定，從此餐廳獲利提高。我們每天固定有36道菜放在36個格子裡，讓客人自己選、自己打菜。我還設計了好幾種精力湯、基本的鳳梨蘋果檸檬一定有，還有芹菜、葛根粉、堅果等等。針對腸胃蠕動不良的就要選纖維比較高的水果；貧血的該喝什麼……我們都會建議。我把供菜系統徹底改變，事先就把菜準備好，讓客戶按照自己的口味及需要，自己打菜，整個成本就降低了，不再是客人點好菜在等待，廚房得瘋狂快速煮好菜端出去。人力減少，服務量也減少。重新開張後，老客人會幫我們帶新客人來。我的菜色每天都換，讓客人上門時有期待的新鮮感。加上我的客單價是上班族付得起的，我的傳單策略也很有用，只要團購就可以叫外賣，讓大量的外賣訂單進來。轉型成功，生意倍增，成本減半，回轉率也變快。

轉型的3步驟準備

轉型的每一次都很痛苦，但是，這個痛苦，就是為了要浴火重生，要跟上時代，產品就一定要改變。轉型的準備：

第1， 閱讀。你一定要不斷的大量的閱讀，要知道趨勢。
常說，懂知識賺小錢，懂趨勢賺大錢。

第2，取經。要跟很多前輩求教，現在的好不代表未來好，
現在有生意不代表未來還會有生意，要和第一線接近市場
的實戰者請教。構想要說得出來，讓專家協助你避免犯錯。

第3，市調。要有數據的佐證，看懂趨勢後要判斷市場到底
可不可以經營，夠不夠大，必須常常做市場調查，設計客
戶問卷，收集消費者意見。你的理念要堅持住，經營的中
心宗旨不能變，但策略及方法一定要隨市場調整。

▌蠟燭兩頭燃燒：兩頭奔波難兼顧

開餐廳已很累，加上我的行銷副業就更累了。因為我人在
台北東區，客戶想找我更方便了，在店裡出現的人，不是
上門來吃飯、而是來找我做行銷的人。不過正好餐廳只有
中餐有人流，下午晚上周末我就有時間去服務行銷案。那
時客戶雖然只有個位數，但餐廳裡2個廚司1個櫃台加上我
是4個人，行銷公司的工作人員連我在內也是4個人。因

服務成績好，客戶就越來越多，讓我兩頭奔波。蠟燭兩頭燃燒：經營餐廳對我的好處是自己是甲方，你當過甲方之後，就知道乙方需要你服務什麼，這對我經營品牌行銷的乙方角色幫助很大。當時餐廳轉型已成功，我很想兼顧，但每天只有24小時，餐廳的經營佔據了我早上到中午的時間，而且已有人提出加盟開分店的邀約，我陷入了掙扎：餐廳是要擴大還是縮小？當時規模還沒有到達集團化，也沒有達到可以請個經理人，我這創業者勢必要「事必躬親」，每天早上5點多就要起床，6點趕到餐廳開始準備，忙完中午的高峰忙碌期，通常已是下午2點，好不容易喘一口氣，再趕去基隆路的辦公室。行銷工作的時間更是無法預期，至少是由下午兩點工作到晚上7點，有時為了急單，甚至要忙通宵都有可能。「魚與熊掌不能兼得」，體力面對挑戰，我終於負荷不了了。

▌脫手餐廳：從此專職做行銷

由餐廳到公司的距離，不長不短只能走路過去，每日就這

樣抱著疲累的身子走來走去，壓力讓我睡眠時間非常短。好在有機蔬食的觀念越來越被接受，蔬食餐廳的業績已經起來了，因此就有人想合作。正好有一個信仰虔誠的教徒大姐表示想和我一起做，我當時恰好在思考取捨，就把餐廳全部轉給她經營了。餐廳在我手上4年多，發生許多有趣的故事及認識許多好朋友，收獲豐盛，於是決定脫手，人生既長且短，要看你怎麼過，我決定轉換跑道，過另一種生活。我的血液裡面早就存在行銷細胞，這行業讓我如魚得水，我圓滿轉向全職行銷事業，得以全力發揮我的天賦。我很懷念由基隆路到樂利路、白手起家的那段日子，小小空間在小巷子裡，要穿過社區的庭園，開會桌就是餐桌，還有地下室給員工唱歌的KTV角落，還有廚房，基本上根本就不像一個辦公室。因此，客戶要找我時，我就好緊張，但這就是我的起家。一路來就是時勢造英雄，土法煉鋼，邊戰邊走。

PART 4

兼顧甲方&乙方的事業洗練

兼顧甲方&乙方的事業洗練

▌舊名片裡淘寶：淘出第一個客戶

由張北河開始的行銷服務，根本就是無心插柳，後來到陌生的台北，斗膽開了餐廳，但因無法兼顧而選擇專職做廣告公關事業。土法煉鋼，邊戰邊走的階段過後，邊戰邊走的階段過後，我和男朋友齊明非投入了正式的業務。我必須專業化，要找真正的大客戶。那時網路還沒非常發達，業務的主要問題，就是客戶在哪裡？客戶名單在哪裡？回想起來，我真刀真槍的上戰場，就是公司交給我的一堆舊名片。這一堆爛爛的、沒有人要開發、連字都寫不上去的舊名片給了我，老鳥們會說這些名片是沒有用的，但我如獲至寶，把它們排放在影印機上，一張A4的紙就印6張名片。印好後拿起筆，電話抓起來，就開始電話訪問開發客戶了。我的基本邏輯很簡單，通話後就說：「你好！我是某某某是什麼公司，請你安排一次機會做一次拜訪，我們有新的服務。」其中許多人已不在那個公司了，還在的

當然大部份的人說「不用來了，不需要了，我們已經有了……」，但也有人會問「你們是做什麼的？你們有什麼跟人家不一樣的地方？」我一面打電話一面寫，一張張A4紙被寫得亂七八糟的，最後終於在這麼一堆爛名片裡面，我開發出了第一個自己開創的客戶。

▌「岱瑪Diamond」公司：一條龍幫客戶賣「鑽石」

對我而言，陌生開發在20多歲時已有豐富經驗，所以把這些爛名片上的人找一遍根本不是難事。這第一個客戶的業績？不多，50萬台幣！但，有小才會有大，我非常開心接這個案子。這個客戶也挺絕的，它是賣鑽石的，而我們的公司名為「岱瑪Diamond」，他還以為我是做鑽石的，我說「不是，我們公司是負責把客戶的品牌變成鑽石般的光亮，所以叫鑽石。」他本來要拒絕我的，但因覺得我很有趣，就接受拜訪。客戶問我：「你這樣做多久了？成績怎麼樣？你有過幾個客戶？你服務過鑽石商品嗎？」其實我都答不出，但見面三分情，加上他對我的印象不錯，交

易就談成了，但：「妳要幫我去做電視購物台的廠商代表。」原來客戶是看上我這個人，這好辦！這樣的的條件，何難之有？公司承攬的廣告費是50萬，服務內容是文宣、網絡行銷，而電視購物卻是用到我自己額外的時間，但我心想有單就好了，先拿下來再講，於是我欣然答應。那時對電視購物是一竅不通的，為了接單，我小心翼翼地努力滿足客戶的所有需求，此時「10年磨一劍」的本領就發揮了，一條龍作業，舉凡有關行銷、網絡、宣傳，甚至拍宣傳照，及自己下手寫文案當寫手後登錄平台……我全都一手包辦，覺得沒有什麼可以難倒自己的。

變身電視購物廠代：讀上100本的珠寶書

做了承諾，必須兌現。但畢竟我沒接觸過電視購物，我不會的就趕緊學，一切都當學習，把自己當成一張白紙。接下來我被安排去電視購物台參與開會，與主持人互動。本來我還以為就是穿得漂漂亮亮地亮相就好，那裡知道我得開始大量讀資料，要K的書起先是50本，到最後總共讀到

100本的書，從藍寶、紅寶、翡翠到碧璽都是很硬的珠寶書。因它每一檔賣的珠寶都不一樣，我都得懂。這工作讓我重回20多歲時做組織時的狀態，每天至少要花2個小時以上看書、上課學習及做筆記，因此寫了厚厚的好多本筆記。當然我向客戶抱怨，我們的公關合約裡並沒有我得讀這麼多有關珠寶的書的條款啊？好在我擅長學習消化後轉換成結果，這額外的工作我能勝任。事後想起來，也只有我這樣的人才能符合廠商的要求，一般公關公司的人那有本領完成這些高難度的任務啊。

由0開始：學習電視購物台的銷售技巧

合約裡也沒有提到我的出場要想辦法讓銷售量能達到帶子重播第2檔、第3檔的標準，但到了錄影現場，我就懂得這是我學習銷售的大好機會。電視購物台的規模這麼大，由商品審核到銷售話術，全是我可以學習的寶貴資訊。於是我專心投入，事前開會，現場回答問題，錄完回來檢討，並趕快準備下一檔，了解下檔主持人是誰，下次要賣什

麼……由0開始學習電視購物台的銷售技巧。我學到了在時間的壓力下，如何運用各種飢餓行銷、贈品心理學及人性缺口來銷售。今天賣得好，能享受那片刻的開心，不可就以為沒事，因為還有很多事要做，不能停擺，要準備下一檔的新的溝通。與此同時，進行重播的舊產品也須要持續的維護。新產品要開創，舊產品要維護。再次我這福星又高照，運氣挺好的，每一檔都大賣，重播率很高。

▎無心插柳：成為專業珠寶廠代

有一次有一檔很難賣的產品，小小一顆訂價29萬、特價21萬的珠寶，以前都是8千、1萬的價位，但老闆說我一定這次要賣掉6組以上，於是我絞盡腦汁，讀了大量的資訊，又請教珠寶界的專家，也找到許多的認證，且與主持人事前不斷地互動，結果那一檔不但過關，還賣到百萬業績。邊做邊學快速量化的銷售術，這樣的案子消耗了我的大量時間。東森購物台路途遙遠，且審核商品時常要等待，讓你等兩個小時就得等兩個小時，你跟他約4點，他就給你拖到

6點，你和他約2點，他就給你拖到4點。許多廠商在排隊等開會，我問客戶可否讓我先回公司去打電話？都說「不行，快到我們了」。但就算等到了，開會往往幾分鐘就結束了。本來我心裡想，為什麼浪費這麼多時間做這件事？但我不計較付出，就在那一年裡面，累積了網路上的豐富銷售經驗，太好了，這是個磨練EQ、揣摩消費者心理的學習領域跟事業。事實證明，我花的時間是值得的，無心插柳，我進了別人不得其門而入的電視購物台，成為一個熱門的廠商代表。那是購物台生意最好的時代，我恭逢其盛，非常幸運。從此人家都誤以為我是真的廠代、是賣鑽石珠寶的大老闆娘。另一個收穫就是，得到珠寶客戶的肯定後，他就幫我介紹客戶，讓我開始客戶源源不斷。

▍雙重角色：「比甲方更甲方的乙方」

市場就是檢視自己能力的最好舞台，你學得再多，若市場不需要你，你就是沒有用的。跟著市場前進，進步的速度是最快的，邊做邊學比你在學校裡學了再來做來得快。直

接接觸客戶及產品，就是捷徑。為了寫這本書，回顧我的起步及發展，我突然明白為什麼我能這麼貼近客戶的需求，原來，當年的菜鳥為了接案子而做了客戶的廠代，讓我很早就演練了「既是甲方又是乙方」的服務。剛開始，是無師自通，憑本能扮演這雙重角色，到後來，配上專業的知識及工具，那就更有力量了。萬事起頭難，所以我非常感謝、珍惜這個珠寶商的因緣，他教會我實踐「甲方」的精神，我日後以此深化關係，就能跟客戶緊密的結合。我以「比甲方更像甲方的乙方」來自居，這就是我的競爭力。

▋ 網路營銷先趨：與客戶一起成長

入行後由新菜鳥到中菜鳥，後來就慢慢進入輕熟菜鳥……這些年裡，服務過數百位客戶了，若要一一加以描述，恐怕就要佔掉半本書。因此，我只分享幾個印象最深刻的客戶。在開創網絡行銷時，就遇到一家80年的老企業。記得做簡報時，幾乎沒有人聽得懂，以致於我們必須重複做簡報第2次，第3次，第4次……甚至在已服務一年後，還被

要求繼續再做簡報。我們的耐心引導及執行，一年後看到成效，在網絡上為他們帶來超乎想象的效益，客戶嘗到甜頭，就繼續委託我們執行方案。第3年，客戶要求我們把3年來所做的都匯整成一份簡報在股東會上說明給董事會成員了解，於是我們花了很大的工夫濃縮出一份100頁的簡報。我的印象深刻，當天會場裡的股東及經理人，呢，加起來有好幾百歲，我們的簡報沒有讓他們打瞌睡，對我而言，就是一大成就。那一天也是我自己專攻網絡營銷的一次完整整理，感謝客戶對我們的信任，投入當時沒人看得懂的操作，讓我們與客戶一起成為網路營銷先趨！

▋ 服務致勝：為本土重機謀略進佔市場

有一家傳統產業，主商品是單價上億的機器設備，但老董從年輕時就希望成為不老騎士，於是投資了重機。在當時重機人口很少，若真有興趣要買重機，也會買國外的哈雷、BMW，且一台重機通常都是百萬以上的，比一台汽車還要貴。那麼他的市場在哪裡呢？他能憑什麼異軍突起

呢?且很多家長不喜歡小孩子騎重機,因為怕發生危險。但老董執意要圓夢,我們當然就要為他的夢想努力。我們的專長,就是做品牌。這個重機案子,讓我們盡情發揮創意,雖然預算並不高,但同事們都很興奮能接這樣的案子。我們很認真地、歡欣鼓舞地收集資料與閱讀,開會,熬夜,想計劃。我們的調研結果:其實很多年輕人想騎重機,但不敢買,除了家長的阻撓之外,再來就是太貴了。所以這個品牌的價格必須較親民,才能殺出一條路,為想要一圓重機夢的人提供一個選項。當時我還去試騎了一下女生機型,深深感到重機的魅力。我也去試了好多台不同品牌、百萬的重機,了解重機真的不是每個人可以騎的,腿太短體型小的人就不適合。重機,屬於一群特殊族群的人。我們想出一個強調它的加速度、穩定度的演練:讓車子拉動一張放了很多的瓷器及杯子的桌子的桌布。這是一個讓人印象深刻的畫面,車子一啟動,布應聲脫離桌子,而所有的餐具瞬間還是穩穩地在桌上。這個演練傳達的訊息是,它的瞬間衝勁既強又快、不只是外國的車子才一定是好的。我們也想強調它是安全的。我們把這個案子服務

得很好，不管是達標的KPI，還是口碑都做了出來。客戶的滿意，讓我們原本只有季的預算，再加上主場優勢，我們不怕比稿，打敗了另2家很厲害的對手，順利接了年度約。現在這家企業我們已持續年度接案，且預算比原來多了快要12倍，已是1千多萬的案子了。

▌整合分歧：為本土皮包廠規劃新創品牌

另一個案子，是個在台中的家族大廠。當時政策是推動MIT品牌，希望企業轉型，不要老是做代工。初次開會見到的是已經80歲的老董事長，及留學歸國的60歲的第二代，也就是當時的社會精英。二代的學問水平相當，對經濟及整個產業都有很大的影響力及貢獻。開會中就出現了意見的分歧，二代的想法很多，認為他家做了許多世界名牌的代工，要自產自有品牌會很容易。那時的產業趨勢剛開始網絡，但他們都誤以為成立了官網，東西就會賣，不理解還是要有很多廣告策略及通路整合的。這個時代，每個公司都在轉型，課題就是：要知道付出的代價是什麼？轉型的

目標是要轉向另一個長期績效的商品，短效激出的業績，有可能會把品牌的價值弄沒有了。不當的促銷，追求短期營業額也不對，一切都是拿捏就及評估損益。

█ 為愛投資：2億在所不惜

為什麼急著要做自有品牌？因為老婆喜歡畫畫，二代就認為把她的彩繪做成包包就是個MIT品牌，且準備花個2億來投資。這2億就是一份滿滿的愛，二代表示：「做得起來也好，做不起來也沒關係。」這是一個充滿了愛的行動，但也是不理智的決策。開會幾次下來，我認為，客戶端的認知跟我們的認知落差太大，可以預期將來我們的成果會不符合期待值。要捨，才會有得，要捨掉不好的。也就是說，如果產業已進入紅海時，就一定要做下一步的佈局及轉型，當務之急，就是要捨掉一些產值不高的項目。但這並不代發開發新商品就一定對。其次，客戶端主觀地誤以為官網就等同網站，網站就等於業績及銷售，這一連串的不當等號，讓我們認為需要深度溝通。為大公司工作，優

點是人才多，但缺點也是人才多，開個會，創意總監、計劃部主管、活動部主管、執行單位，都是專案的成員，開會時人多嘴雜就有了障礙。再加二代的要求很多，我們提了A版本，他就認為應該還要有B版本，二代很聰明，因此每一天的想法都在改變，於是開會的這次跟下次又不一樣，下次跟下下次又不太一樣，我們想要讓他把想法定住都很難。更麻煩的是，只要他老婆出現參與討論，事情就會回到原點。當然，別的主管就認為應該有C版本或D版本… 我們面對的是各種分歧。

定位決定一切：財力不決定商戰成敗

接這個案子的辛苦，是要在韓系，日系，美系的各種皮包裡闖出新品牌空間，要在旅遊包、貴婦包；鱷魚皮、鴕鳥皮、人工造皮……的多元產品裡找出明星商品的廣告策略及定位主軸，每一次開會我們都會提出很精准的市場調查、田野調查、網絡大數據及輿情分析。可是客戶認為他家的幾百種包包個個都好，認定了什麼會是熱賣款。設計

師並沒有市場調查的能力但也有自己的良好感覺，這又多了另一個溝通對象。但我們還在跟他的設計師開會，還沒有討論好商標及圖騰時，他們在台北就租了2間黃金店面，也找了當時星光大道的一位藝人、一個不是我們提議的人做代言人。記得我們規劃拍電視廣告時，和客戶溝通線下跟線上的整合，也就是多媒體行銷時，發現廠商誤會很多媒體放在一起就叫多媒體，所謂媒體行銷就是做招牌廣告……這一切的一切全部都沒有想清楚時，財力雄厚的廠商就把這個品牌衝出去了。沒有做好定位，這樣實在太急了。成功的營銷都與媒體的推播、宣傳片的拍攝有關，這部份需要明確的定案，但向他獻策的人多，因此他的錢開始亂花，結果就變成四不像的拼圖。

▌苦口婆心：獻萬言書

定位不明，皇帝不急太監急，通過很多次的會議，一直調整一直調整，從媒體購買到品牌定位，溝通語言，宣傳口號，無一不是一再改變。如何跟媒體溝通及定價，如何建

立分銷機制及利潤系統？是找經銷商還是做直營店就好？我們認為要先成立商品特色，做市場區隔，完成品牌精神及消費者畫像，這些都是要準備好傳述的故事。如果還沒有把消費者輪廓抓出來就急著生產，這就是操之過急。所謂「虛不受補」，企業需要健全才談得上創造與衝刺。我預感此案失敗的機率很高，就做了一個當時非常引以為豪的事情：我寫了一份萬言建言書。我語重心長地向董事長陳述這個案子應該怎麼做，不應該怎麼做……我認為我是在做良心事業，我在善盡告知的責任。結果呢？結果大家都應該能想得到，這案子就石沉大海了，他們的創新商品也沒有成功。這是我曾做過的傻事，以後再也不會做這樣的天真的事了。這個案例給我們的啟示：商場成功不靠財力，這家廠商就是一個實例。

說什麼及怎麼說：廣告公關的源起與結構

我有幸身為廣告公關這個重要產業的一員，能接軌洪流的第一線，因此，在展望未來的此時，特別想回顧及整理這

個產業的源起。1959 年1月，台灣的第一家廣告代理商
「東方廣告社」，是溫春雄成立的一家綜合廣告公司。由
早期的「萌芽期」到「全傳播」期（ 網路營銷泡沫期）(1992
～ 1999)……到2000年代後獨立媒體服務盛行和網路再
起，這數十年的變化可說是翻天覆地，讓人應接不暇。公
關業的發展也已有100多年的歷史，世界最早的專業公關
公司，是1903 年由美國記者李艾維（Ivy Lee）所創立。台
灣公關的發展歷史較短，最早的一家是1974 年成立的「聯
太公關」公司。過去的傳統行銷與IMC的公關作業，重點
置於媒體公關，和記者吃吃喝喝，為消費者舉辦活動與娛
樂，旨在討好消費者，或是運用危機管理滅火。等到我們
進入市場時，這個行業已有了巨大的改變了。關於這個行
業，在學校有科系，補習班有開課程，在此我將這個行業
的結構濃縮分享。一般廣告公司的部門組織通常有業務部
門（Account）及創意部門（Creative）。業務部門（又稱客
戶服務部門）負責統籌客戶的預算執行，發展並監控廣告
計劃的進度，擔任廣告公司和客戶之間的橋樑，聯絡外部
合作夥伴，幫助客戶和內部創意部門溝通等。如果廣告公

司沒有企劃部，業務部就要身兼市場調查、消費者研究，找出廣告切入點等行銷策略的分析。業務部由GAD（客戶群總監）管理，底下會細分客戶群，以團隊的方式再進行分組。每一個團隊裡面會有AD（業務總監）、AM（業務經理）和AE（業務專員）等職務，職務範圍和團隊人數因業務量而有所不同。廣告專案的策略是找出「要對消費者說什麼」，創意部門的文案與視覺設計就是探討「怎麼說」，確認如何將廣告訴求傳遞並影響消費者。

▋ 簡報定江山：天天做的成果展

上天安排我和丈夫結緣，很自然地我們「金剛合體」，在完美的組合與正式的編制下讓業務快速擴大。關於這個行業，在學校有科系，補習班有開課程，在此我用最簡約的方法分享這個行業的特質。接著，這個行業的重要工作：「簡報」！它幾乎決定一切，每家公司都以簡報來競爭，這就是「比稿」，這就我們這個行業天天的考試。只要簡報內容沒有說服力，或一不小心造成了不認同，合同或續

約就不見了。每個專案就是一個成果展，學生畢業時要做一次成果展，而我們這個行業，等於天天在提出成果展。長年下來，做了幾百次，都是靠時間累積出的戰力。簡報要專業，要有精准的判斷力，但更要帶人味，由人性人味的表達切入才可能打動客戶。用曲線圖來解釋，用數字及畫面，比用文字強。在業界裡有這樣的實例：很專業很敬業，可是他拿不到案子，為什麼？因為他不懂得人心，他也不懂得客戶真正擔心、最需要的是什麼？這樣專業的人，會一昧的一直講自己的想法，徒具幫助客戶的動機，但無法解決客戶的困難。簡報必然有成功有失敗，只能不斷的修正與突破。拿到案子當然團隊很激勵，丟了案子時必然很挫敗，但我認為，每次「成果展」都是營養，好事壞事都把它消化完，再轉換出來變成正能量。所以，我就是借著一次又一次的提案，一次又一次地精進簡報。每次拿到案子，我就感謝團隊與客戶，因為每個案子的成立，都是彼此的人才共同促成的。每次簡報內容，是所有的同仁共同的成果，但不可否認的是，簡報者的表達能力是關鍵。因此我及團隊每次提案做簡報，都抱持著全力以赴的

心態，不能因個人表達不佳而對不起團隊的努力。

▍誰是決策者：先搞清楚人的結構

但說實在的，「簡報」到最後都大同小異，你會做，他也會做，我也會做，那麼，到底中間差在什麼地方？就在你的提案是否解決了顧客的真實需求。用心理解客戶當下的狀態，不該一昧的強加你的創意或方案。成功的簡報，建基在事前對客戶了解與溝通。我的客戶之一，是80年老公司，已傳到第3代，枝繁茂盛。這家的家族事業會議就有趣了，會場裡有董事長、姑姑、叔叔，伯伯和專業經理人，這時候我們的溝通工作就很挑戰：我們的訴求對象，到底該針對誰？誰會是最終的決策者？選代言人時，傳統的董事長想的是：找一個比較有名的影歌星，鉅資拍個豪華影片在傳統的媒體裡露出，那選誰呢？有人喜歡林志玲，有人喜歡蔡依林，也有人喜歡劉德華、張惠妹、大陸的某某某……口味差異甚大。但2代、3代則反對，提出來的人名老人家連聽都沒聽過。向這樣的公司提案，就一定要先

把這些關係搞清楚，並提出能化解分歧的方案，當然，順了公意就違了婆意，不可能讓每個人都滿意，每個人的口味誰都抓不出來，最後我的應對之策就是穩住自己的專業立場。但最好還是要先確認誰是決策者？先搞清楚人的結構，不然你的簡報就會失去準頭而得不償失。

▌旁觀者清：為夕陽產業在紅海中找出藍海明星商品

老店可以翻新，舊商品可以創造新的明星商品。企業主對原產品必定有著深厚的感情，所以無法接受產業的夕陽化。但已在紅海的商品不能還繼續生產，企業不能安於老吃原來的那一口飯，更不能滿足於眼前這一鍋還吃得到的飯，它有可能吃半年後就沒有了。「是誰偷走了我的乳酪？」這句話，永遠是我們對商場企業家提醒的議題，也是我們要協助客戶找到新方向的責任。那麼，如何在紅海裡找出藍海創意？如何找到新的乳酪及發現下一鍋飯，邊戰邊走，平衡消長？如何善用原始的DNA創造出新的商機？旁觀者清，我們會為客戶回到源頭去看，找到其原始精

神，進行延展的思考，以精准廣告投遞及轉換率為原則，我們會協助他們找出第2個或第3個明星商品。

▌溝通決定關係：助糾結的傳統客戶化解矛盾並升級

回顧這些年，在這個行業裡，最主要的工作就是與客戶的溝通。旁觀者清，我總是建議企業主要從源頭去看，創業的本質初衷是什麼？而已延展出來的產品為何？R&D研發能力是否跟得上？是否適合研發第2 種，第3種產品？傳統客戶有時候會比較天方夜譚，誤認行銷公司能包山包海。事實上，行銷公司的功能，只是把原本只能有50分60分成效的事，透過專業的行銷策略提升到80到90分。客戶不能把所有成敗都壓在營銷公司身上，當然，專業的營銷公司也不會推卸責任。對產品很有信心的企業主，通常會覺得自己的產品很好，根本就不必做廣告。甚至覺得廣告做得聲量太大，太高調不宜，會打到自己，基本上這是一種矛盾的狀態。這種矛盾與糾結，就是既想要市場知名度及佔有率，但在做行銷時，又強調要「低調」不要「太有名」。

我就遇到許多這樣拉扯的客戶，要做，可是又不要做太強，且對客戶和經銷商說的話不一致。很多的比較資深的老闆們，都認為網絡不好控制，覺得這種佈局沒有意義，認為老老實實把生產的本分做好就行，這種想法在「生產過剩及快速」的時代裡是非常危險的。面對這樣的客戶，我們就要花許多的時間做觀念上的溝通與調整，試著幫助糾結的傳統客戶化解矛盾並升級。還有，代工廠的思維和系統，就和品牌廠商不同。企業不應從規範端去綁規格，再用規格去綁行銷。

▌無盡的工作：快速發現問題及解決問題

這個行業的基本功，就是確認需求及問題後，想出推廣的通路及露出。真是感謝上天安排我進入最適合我的這個行業，因為「愛分享」「愛學習」本來就是我的性格，我愛面對問題及解決問題。營銷廣告每天要解決的事情是不太一樣的，為舊產品鞏固市場、為新產品打亮知名度。要用曝光度帶來增量之前，先要了解真正的問題核心是什麼？

是人事的問題？還是新品不夠力？是經銷商不買單？電視廣告沒有說服力？還是有客訴的問題？由早期的媒體溝通，寫新聞稿，現場的PPT，事後的宣傳廣告輸出，評估投資效益。成本及回收為何？是否掌握了整個SOP流程？我們必須抓到時代脈動，要讀大量的資訊，包含報紙，文章，雜誌，電視節目，網路新聞，手機上的節目，我們也要追連續劇，手游，遊戲。例如：當韓劇在穿越時，你的思路也得穿越，才知道什麼話題才能吸睛。拿案子，就是發現客戶的問題及解決問題，融入市場與趨勢，這是最棒的一個行業。拿到案子是成功，反之，也能靠檢討沒有續約的原因而有所學習。

▌就是愛熱鬧：愛上應酬與辦活動

這個行業的本質就是溝通，大量的溝通中的一種就是酒席應酬。客戶常說：「你跟同事不喝酒，一個朋友都沒有；你跟長官不喝酒，一點升遷機會都沒有；你跟廠商不喝酒，一點殺價空間都沒有……」經營廠商是一門學問，如

果是為了升遷或訂單而喝酒，你會覺得壓力。但我樂在所謂的應酬，因為本來就愛吃愛喝，和大家一起享受共聚及美食，不是人間樂事嗎？一起吃吃喝喝都是為了開心與感謝。我感謝客戶給我們案子，讓我賺到錢，我更感謝有同理心的同事、提出創意的好員工……與他們酒席同歡是人間樂事。還有，這個行業必須創造事件，製造話題，所以就離不開辦活動，這對我更是如魚得水，因為我就是愛熱鬧的人。當然，辦公關活動並不是一件簡單的事，由誰來面對鏡頭，流程的設定，位置的安排，誰跟誰能坐，誰跟誰不能坐，還有該如何穿著，及遞出麥克風時，應該誰在前面，誰在後面……包含媒體曝光出去的所有的標題都要考慮到。辦活動是非常細的工作，須知與媒體溝通，不是能花錢就了事，而是有許多專業技巧的。應酬與辦活動都很辛苦，但符合我的天性，我都樂在其中。

愛上動腦會議：各路英雄擂台賽

這個行業靠的是整合創意、策略與資源的企劃執行案，永

遠要力求突破。而突破靠的是不斷的擠壓與精進，最好的
創意及策略往往是擠壓而出的。提案前要動腦，動腦會議
最是折磨人，且很少提案是一次就過關的，客戶會提出新
的問題，或是要你補充更多更詳盡的資料，於是就得再開
檢討會及再動腦。大案子就可能耗掉幾個月，而這幾個月
的付出，最後你有可能拿到、也可能沒拿到案子。若沒拿
到，你的熱情形同被虛擲，挫折容忍度低的人就被打敗
了。而我的性格，是越挫越勇。因此，動腦會議對我而
言，不是挑戰，而是讓我感到興奮的。記得老師講過，
一個人讀過多少書不重要，獨立思考的能力才最重要。能
獨立思考，才能看到趨勢及未來，唯有具備判斷力，才能
針對客戶的困難及需求找到有利的觀點，能幫客戶發聲。
我們要能在溝通當中抓到問題，提出可執行的創意解決方
案。我的服務最直接的就是品牌端，這個行業的多元及異
類，是壓力，但也是好處，他們給了我很大的壓力，這非
常辛苦，但很值得，因為會學到許多寶貴知識，結交到很
多好朋友。能在這個行業裡存活的人，都是學歷、專業、
實戰經驗、資歷背景都很優秀的人。很多人的一輩子做一

個事業，只認識自己公司的主管，及自己的上下游，往往就是那幾個人而已。而廣告公關網絡行銷這個產業，得理解製造業、營銷業與服務業，要理解品牌端及產業鏈……這都是壓力，但也是動力。我本來就不甘於在小環境裡做重複工作，我願意和各路英雄好漢一起動腦，可以跟很多的戰將一起動腦，這是我的福氣。

▍人脈事業：人才&口才

公關廣告公司服務客戶的競爭力，就來自於人才。我常感進入此行這麼久的時間，最珍貴的就是客戶跟朋友資源。有些狀似非常難過關的事，只需臨門一腳，一通電話就解決了。人脈就是錢脈！不只是公司外的客戶是錢脈，公司裡的工作伙伴更是。我們的經營理念，不是只單純顧問，還要有能具體執行的團隊進駐企業，所以工作團隊的素質要求很高，因此人事成本開銷也是很大的。傳統的營銷公司一個案子也許只要5個人就可以完成，可是現在的網路營銷可能要15個人才能完成，因為服務是越來越細，涉

及的關鍵性資源整合、人脈整合，媒體整合越來越多。不管是業務的窗口或執行計劃的窗口，都要相對應的非常專業，問問題及聽問題都要很清楚，不然做出來的企劃案就會無法整合不成形。先要有人才，繼而要有團隊的默契，這只能在專案裡一直不斷的激盪累積，客戶才願意繼續買單。非常忙碌、員工多的狀況，不一定是對的。員工人數多跟少，有時候產值不會差太多，完全不是看數字而是看素質。當前我若增加員工數，目的不是為了規模，而是為了人才的汰換。儲備人才的方法就是不斷地增加新血，吸納培訓能跟得上趨勢的人才。因為現成的人才少，都需要培育，所以這個行業的門檻就是要有合適的人才。但我們不可能一輩子都當老母雞，有能跟得上、會主動學習的團隊，公司才有未來。每天都要告訴他ABCDE動作的人不是人才，但自發性的人才很難找，只能邊找邊培訓，因此教育人才的成本就是公司不得不去投入的。世上的一切都是靠溝通，這個行業就是跟專業經理人、行銷窗口、整個市場、消費者做溝通。　現在的人才要搭配口才、精準表達、達成成交的表達能力。

▌尋找痛點及剛需：靈活+熱情+專業的生存之道

越是難爭取的客戶，我越是覺得躍躍欲試。喜歡投入驚濤巨浪的大海，體驗各種產業的窘境與衝擊。歡迎挑戰，迎接變化，是我既有的心理準備。但還沒有做品牌的老闆，相對的都很保守，當我們的想法創意太前進時，客戶往往不買單，這更激起我的鬥志。我知道，只要我懂得並解決客戶當前最大的問題跟痛點，才能合作成功。想要兼顧自己舒適圈的人，比較不會關注別人的需求，唯有長於思考客戶缺什麼、具有市場觀察力的人，才能突破瓶頸，抓住訂單。這行業需要尋找痛點及剛需，這符合我的鬥志。因此，不管是幫客戶提供戰略策略，還是執行服務，我們是非常靈活的。舉例，有一次接到客戶副總的電話，提出他的問題：公司董事會成員意見分歧，不知如何是好。副總是專業經理人，他的痛苦就是：所有的老闆都是他的老闆，既要符合A，又要符合B，又要符合C的想法，他找不到有共識的解決方案。而我的靈活度此時就接受考驗，因為我能左手立即拿出大數據的分析，並且以非常理性有力

的表達方式出席董事會做說明，右手拿出解決方案，於是就輕易地讓董事會快速達成協議。其實這樣的服務是有風險的，你有可能得罪左方，又得罪了右方，如何拿捏？這是沒有任何教材能教你的，這種服務也是沒有市場價錢可言的。靈活很重要，其次重要的就是熱情跟專業。我天生的個性，都是自己負責，從小就沒有要爸媽的陪同或協助的習慣。事後發現：公關人，廣告人或者行銷人都有一個很大的特質，這個特質不是學校學來的，而是天生的，它就叫做熱情。只有靈活但沒有專業的時候，你就只是在碰運氣。只有靈活但沒有熱情，會讓你無以為繼。我的公司的最大的優勢，就是專業、團隊、分工加上靈活度和熱情支持。我的客戶70%是中小企業，唯有靈活才能存活，我也是。有熱情的人，碰到困難、問題、障礙都不會被打倒，這個行業的挫折度太高了，唯有熱情能提高挫折容忍度。

善於整合：要有能力轉換業績

因具備市場敏銳度及公司的靈活度，我們可以成為既競爭

又合作的單位，我們不一昧的追求員工數與營業額，而是要求品質及淨利。我預言，未來的服務公司不只是追求規模很大，而是善於整合，且有能力轉換業績的公司，而這正是我們的優勢。公司成立至今，有創紀錄的里程碑，也有營運數字掉下來的時候，但我很清楚，業績下降並不代表公司退步，因為這是面對轉型。方向的調整是為了因應市場的消長，我的心態已與以往不同，不是單純追逐營收跟人數的擴充，因為這並不是唯一的發展，人均產值才是重要的指標。

預算比例下降&創意不再致勝：切入數位社群行銷

幫助廣告主釐清定位，提供與接觸消費者的策略和創意，是廣告代理業的職責所在。我進場的年代，正好就是媒體代理商從廣告公司獨立出去的關鍵期。原本廣告公司能掌握媒體預算分配權，後來客戶不只注重電視廣告，還會將預算放在更多溝通管道上，例如公關公司、數位行銷公司（委託製作網站、粉絲團經營和網路活動執行），從此廣告公

司能夠掌握完整預算的比例下降了，其重要性大不如前，能掌握的廣告資源也急速萎縮。媒體購買本來業績和利潤都很大，現在因為惡性競爭的循環結果，彼此砍服務費，現在可能連企劃服務費都收不到。另一個感慨：創意開始變得比較不值錢了！創意，必須在有限時間內不斷地發想找靈感，而創意的表現形式需要與工作團隊及客戶反覆溝通討論、修改與執行。過去，廣告代理商的核心價值在策略、創意以及對消費者的觀察及瞭解，就能得到客戶。但，在多元媒體時代裡幫客戶創造有效營收、提高營收的管道已不同，這讓媒體只是創意呈現的管道，創意致勝的時代已不再。記得以前有很多的廣告大師憑一個點子就身價不凡。在以前，創意是非常值錢的，一個好的策略可以銜接許多的下游。但這個源頭一般企業已不願意去支付成本了。現在的創意大師已沒有那種聲勢，因為他們的創意跟策略，在當前已經變得相對性的不值錢。競爭越來越大，毛利越來越低，惡性競爭之下，如何異軍突起？就在這樣的市場轉型當中，我們當機立斷，找到了適合我們的切入點：專攻數位社群行銷。過去得靠人工，一個系統，

一個平台一個平台地去找資料，現在只要懂得搜尋及分析
的人就佔有市場。我們靠數位社群行銷，擺脫創意不再值
錢的困境。

▍內容質化重於量化：最早數位業界黑馬

當別人在講「量化」，我們就已經在講「質化」了。我們
可算是廣告公關公司裡面，最早專業做數位的。仰賴「Word
of the Mouth口碑」的時代已不再，分析市場要靠專業的
系統，更要能提出具體可預估成果的戰略。就因為我們有
這樣的系統，所以客戶可以花最少的錢，我們可以花最少
的時間來溝通及做決策。我們這匹黑馬跑得很快，很快就
開花結果，讓營收衝得很快很高，證實我們的決策是正確
的。我們做出來的市場調查，不會比大廣告公司做出來調
查差，我們提出來的見解都是確實能執行落地，或是客戶
過去從來沒有做過的。即使我們收到的費用是少了一個0，
但這就是我們的戰略，也是我們的選擇，也是我們能成為
黑馬的優勢。好的計劃案，好的服務，就一定會成交，會

續約的。

內容為王道：由小開始：收入少個0工作多個0的競爭力

在百家爭鳴的年代，我們打出的口號是：「內容為王道」，我們主張在網路世界，有質感的「內容CONTENT」就是致勝關鍵。過去老三台時代已過去，過往一隻影片可能就花了300萬，然後再花3000到5000萬去下廣告，而藝人代言費可能就500萬，但這種全面性的包覆已不再。我從來都不嫌案子小，只要服務好，它就會長出很多原來沒有預期的服務委托。我們是如何找到差異性跟破口的？這個破口是怎麼做？其實很簡單，就是別人不願意做的事，我們願意做。複雜的，小的、瑣碎的，毛利低的，步驟很多的，養的人變多的……我們願意費用少一個0，但工作量加一個0仍然接案，這就是我們的生存優勢。不要小看小訂單，積少能成多，由10幾個人的幾百萬營業額，我們一直往上成長，能由3千萬到後來的年營業額1億多、2億多。不

管簡報的評價如何，每個案子走到最後的過程，就是「議價」。報價與議價是一門學問，它也需要靈活的組合。太大的金額總是較難過關，我的策略就是加以拆解，分階段。如果第1階段就讓客戶見到成長，再來談第2階段，第3階段就會很容易。我們以小取勝，能以少一個0的報價，加上專業完整的服務就能夠找到我們的空間。只要做一件事就可以的理想，已不復存在了，我們意識到這種市場的轉變，且立即因應，願意去做多一個0，因此就成為業界的一匹黑馬。

▍為客戶塑造鑽石黃金一般光芒的品牌

我的公司名為《岱瑪金誠》，字源就是鑽石與黃金的意義，我們的初衷就是協助客戶把品牌變成像鑽石黃金一般地閃閃發光。我們志在把品牌擦亮，讓客戶被珍惜，因為品牌就是一個被創造的價值。過去追求個人發光就亮、一人吃飽全家飽的我，全職投入後，發現整個社會都是彼此命運相關的。尤其是經歷過大環境的金融風暴、疫情來

襲、氣候變遷⋯⋯景氣、時局、政策、金融的變化都直接衝擊這個行業，幾乎任何領域的轉變，都直接漸接間接帶給所有人挑戰。人人無法固步自封，任何風吹草動，都會影響我的客戶：企業，因此也影響我。進步是永遠的挑戰，因為現實在改變。無論今天做得多成功，永遠有進步的空間，永遠的奮起與拼搏，是企業延續的重要精神。公司規模一飛沖天，行銷學的4P8P的理論都只是最基礎的知識，實戰及應變才是永續之道。由台中到大台北，由餐飲及銷售進入廣告行銷世界，這行業對我而言，本來就是純天然的天賦。我身兼甲方與乙方的角色，沒有「魚與熊掌」的為難，我如魚得水，非常適應。身處這個行業，就是身處時代洪流的第一線！

PART 5

情感故事 & 生命歷練

情感故事&生命歷練

▎ 青春期沒有火花：只因心中的白馬王子形象

這本書是我的自傳，原本只想分享我的事業心得。但是很多人對我的感情世界好奇，想知道我的結婚對象會是什麼樣的人？我想了想，這部份也是我的人生版塊，且情感世界與我的事業密切相關，也應該有所說明才對。身為老大，小時候又一直被當男孩子在養，所以我常忘記自己是個女生，我又熱愛體育運動，加上自我要求比較高、好勝心強，就一直沒覺得自己是個為感情而活的人。當然我也有過我喜歡的男生，但都沒有什麼行動及火花。我的白馬王子必須頭腦不錯，成績一定要比我好，能考到第一志願，還要有質感或是有特殊專長的……總之，我要的是各方面都很厲害的人。男怕入錯行，女怕嫁錯郎，這麼高的白馬王子標準，當然就可以預期我的青春期即使有人追，也沒有轟轟烈烈的愛情。但我很有信心，因為小時媽媽幫我算過命，記得一張大紅紙上寫了許多黑色的字，我偷偷

的拿來看了兩眼，只看到「聰明、活潑、多彩多姿、旺夫命⋯」等字眼，我對自己未來的姻緣是很有信心的。

遲遲未婚的原因：期待自己開創美好的未來

中學時，有同學學長來追；大2的時候，就有要娶我，嚇得我不敢回家。進入社會後，讚美我漂亮可愛的人很多，但我急著賺錢做事業⋯⋯記得我在24歲還沒結婚，23歲結婚的我媽就急了，催我趕快嫁了。那時我心裡想，拜託，才24就叫我去嫁人？我人生還有很美好的未來，不要吵我了，10年後再講！就這樣，雖然社交人群非常廣，但到了29歲還小姑獨處。到了商場後，我的擇偶條件又提高了，對方還必須是我非常欣賞的人，在事業上要有相當成就、且要有獨創性的格局，各方面都要成熟又有擔當。在別人眼中我是個有能力的人，會晚婚的原因，就是因為對自我的要求很高。我不會因愛情衝昏了頭去結婚，遇到對象，我會先去洞察、覺察為什麼要考慮結婚？我是否該考慮這個人？而不是一頭就墜入情海。來到台北的花花世界後，

更是忙東忙西，根本就不想那麼快決定自己的人生。因為我不知道未來會走到什麼高處？再來，我也想看看自己在這個世界裡面，還能夠做到什麼程度？好奇好學的我，很想挑戰自己及世界，直覺還有很多東西我要去涉獵。

▌晚婚的原因：等待能知命用命、共榮共生的人

年過30後，坦白說，我也曾後悔自己對媽媽回話太快：「不要吵我了，10年後再講！」難道就因為這樣，一語就成真？我難道我真的得到了32歲還不結婚？其實我並不是不婚主義者，但我堅持要有一個可以溝通並且懂我、知命用命、共榮共生、這麼優質的對象，而非一個把我養在家裡的人。我曾經想像過：把一道菜做好，把窗戶擦乾淨，把廁所洗乾淨……的家庭主婦生活，我也能做得好，但我會完全沒有成就感。我覺得這些事很多人都能做得很好，不缺一個我來做。我絕對不是一個居家型的女人，但這並不代表我心裡面沒有白馬王子，我其實也是在等待他的出現的。找對象，我不是視覺型的，雖然每個人都喜歡俊男

美女，但我更看重的素質與能力。我非常重視能和我聊天的相處能力，我也清楚我的能力在別人眼中也許不是優點而是一種威脅。喜歡我的人會說我才華出眾，不喜歡我的人會說我臭屁。我也清楚我的外型及性格，會讓人覺得無法駕馭。我自覺很多人會不知道怎麼跟我這樣的人相處，因為我天生就是強勢表達，且會一直發掘問題的人。學生時代上課時會一直舉手，喜歡追問答案，讓老師頭痛。記得小時候有一個卡通叫「安妮的故事」，女主角安妮是一個長雀斑的聰明女生，她愛學習愛問老師，我喜歡這個角色，可能這就是我愛問問題的源頭。大家都說像我這樣的性格，比較適合晚婚。晚婚就晚婚唄，反正我忙得很。我相信，姻緣天注定，沒辦法躲掉的，也不會錯過的。

似曾相識déjà vu：對靈魂伴侶的第一印象

在我還單身的那段日子裡，人們都猜想我想要的對象是富二代或外國人，雖然有人開著跑車來追也是能滿足我的虛榮心，但我想要一個懂我的人，能比翼雙飛，更要能如虎

添翼，我希望是在事業上能一起發光發熱、並肩前行。我心中是很篤定的，因為我相信時間到時，上天就會送給我一個這樣的人。天地就是陰陽，陰陽應該平衡，大自然一定會有所安排。

果然心想事成，我的白馬王子有一天就出現了！開餐廳時，常有一些人是為了接近我而上門用餐的，但我都把他們當做客人，我不喜歡搞曖昧。那天他來到店裡，第一眼就覺得跟他很熟悉，好像我跟他認識了很久似的，這是好奇怪的似曾相識感覺。我認定這個人跟別人不一樣，他沒有像別的追求者那樣，不是遞上名片展示財力、炫口才、講星座，或是想辦法對女孩灌迷湯……而這位先生不來這一套。對他的第一印象：他跟一般人長得很不一般，180公分，108公斤，是個非常粗獷的北方人。那天，他看著我，我看到他，我就有閃電的感覺。真的，我這才知道什麼叫做一見鍾情，記得當天我是非常「社交」的問他：「你什麼星座？」摩羯！我心裡的OS就是「摩羯座就很無趣」。最誇張的是，我低頭看了一下他的名片，看到他的名字是齊明非，而他的公司，竟然就是我在台北開餐廳送外賣的

第一家公司，你說這是不是神奇的緣份？當時他並沒有追求的動作就走了，什麼事都沒發生，留下的只是我對他的好奇與猜想。

▌一見鍾情：貴族子弟&理工女

隔了幾個禮拜之後，他再次出現，很認真的拿出了名片說：「我可不可以跟你當男女朋友？」哇，我覺得超酷的，如此的開門見山？如此的直接自信？他的大方，讓我不會感覺到邪惡。「我不是登徒子，我是真心的想追求你，我是不是有機會可以跟你交往？」我有點嚇到，也很驚喜。當然我沒有跟他說，幾周前第一次見到他時我就有感應。我們開始交往，我驚喜地了解，他是很有內涵的書香世家名門子弟，他的爺爺是念武漢大學的第一代海歸派。念博士班時就是個記者，既是哲學博士，也是個有文筆的才子。他不只是商界聞人，更是個寫武俠小說的作家。他以「麒麟閣白石」筆名寫了好幾本武俠書(新俠隱仙蹤、玉劍骷髏、奇峰奔劍錄⋯)。他的聲音最是吸引我，他

說話有像李季準那種慢條斯理、很貴族的一種聲線。我覺得一個人的聲音代表著他的氣質。而他整個人給我的印象就是貴氣，從體型、五官、手相、穿著……整個氣質就是一種家世淵源的貴氣。我一直覺得，幽默與靈活，如果不是搭配專長，就是耍嘴皮子而已。我喜歡的人必須是我的靈魂伴侶，要有格局，且一定要能談得來，而他既具備機智型的幽默，又承襲他爸爸貝勒爺王府的一種滋潤、文雅與講究的氣息。接觸到他的社交圈，等於帶我進入了另一個我不層接觸過的世界，這種種都讓我這念理工的人深受吸引。

▌開門見山速戰速決追求法：因才氣與霸氣而脫穎而出

接下來發生的事，我也印象深刻。我的生日是12月30日，我沒辦法一一應付追求的人，因為真的工作太忙了，於是很頑皮的安排了KTV的生日派對包廂，讓所有要幫我慶生的人都去唱歌。他知道了後，晚上穿著酷酷的皮衣出現在現場，然後他做了3件事：1個是送上給我的禮物，一隻上面有英文字be mine的手環；2是叫餐廳把他寄存的名酒全

部拿出來給大家喝；3是他把當天的帳全部預先都結了……
接下來他就調頭走了。也就是說，他無視所有的對手，以
高品味又有霸氣的方式參與了我的生日趴，這，太酷太大
氣了。接著是跨年，他打電話來約，我的回答是：「我真
的太忙了，再約，下一次再約好了。」接下來我就掛掉電
話。但是一分鐘後他又打來，我說：「剛才不是說了下一
次再約嗎？」他的回答是：「現在就是下一次啊！」這種
速戰速決的聰明，把我打敗了。追求異性的手法我見多
了，而我認為男女交往，貴在誠心和用心，他讓我還看
到了他的決心與信心。臣服於他的招式，我答應了，但心
想，臨時決定跨年當天才想去唱歌？KTV肯定早被訂光，不
會有包廂的。但我們到KTV後，如入無人之境，很快就進到
樓上。奇怪，怎麼可能還會有包廂？事後我才知，他在樓
下就給了櫃台5000塊的小費，這讓我聯想到「塔木德」這
本猶太人做事業的經商書，他讓我見識到什麼是「在刀口
上投資」。要把錢花在刀口上，那才是值得的。

▍被詩句打動的靈魂伴侶：最浪漫的事就是全然接受

我的一生，從來都沒有短戀情與一夜情，我認為一個瞬
時、短時間的享樂，對人的靈魂傷害是相對大的。當時心
高氣傲的我，本來並不想很快定下來，直到他為我寫詩。
我是讀理工的，看到詩通常不會有什麼反應，但他寫給我
的詩，讓我心跳加快，感覺它們觸動我的靈魂深處。他的
文字能力實在太強大了，我決定了，他的才氣、財氣與霸
氣，他的速戰速決風格，讓我認定了，這樣的人，就是我
心目中的白馬王子、是我人生的伴侶。我要的，就是靈魂
伴侶。有人好奇我們的求婚場景，但我們沒有求婚場景，
為什麼？當你碰到靈魂伴侶的時候，你就會知道，我們不
在乎任何形式，因為我知道他的靈魂是屬於我的，我的靈
魂是屬於他的。我就是知道：他的全部都是我的，他有100
億是我的，只有1萬塊也是我的，我的，也全是他的。我
們，不講究形式的浪漫，不須要凡俗的送花、訂情、訂婚
的儀式，就彼此相屬了。舉例，我就不喜歡打掃，我真的
做不來，從小沒有被媽媽訓練這個部分，所以，我在家就

不用做家事。他的承諾，始終如一，沒有在結婚後翻盤。我體會到一件事：人際相處，若理解對方的價值，就會把這價值放到最大，並且能全然接受，即使這價值與自己的價值有所不同。最浪漫的就是他懂我，懂我要什麼，我要什麼就會有什麼，我不要什麼就不會有什麼，這就是最浪漫的。

滿足家族的需求：把婚禮當做專案來辦

朋友也好奇，「靈魂伴侶」的婚禮是怎麼辦？婚禮當然是一定要辦的，這是為了家族，也是台灣人的傳統。我台中的大家族都比較熱情，要求我們辦個風風光的場子，但我們公司的業務蒸蒸日上，真的很忙。還好辦活動本來就是我們的專業，於是，我們把婚禮當成一個專案來執行。日期及餐廳先定好了，我們就日以繼夜地忙客戶的事，心裡很篤定，時間到時，禮服、攝影師、拍照時間都會自動出現的，完全不用擔心。經常聽到有新人為辦婚禮吵架：你媽媽的意見怎麼樣，我的媽媽想的又不一樣……而我們的婚禮好像別人的事一樣。就像一個專案，按部就班。對我

們而言，辦一個婚禮，比起為客戶辦個活動更簡單。準備印喜帖時，我自己的親友預算是400張，原以為他至少會要個200張，沒想到，他媽媽很幽默地回復我，只要2張喜帖。」為什麼是兩張？因為他的全部家族都在美國，台灣沒親友，而他覺得沒必要勞師動眾讓國外的親友花機票錢回來吃一頓飯。所以，我印的喜帖就是402張。但婚禮當天，他家族的人沒到，但紅包都到了！好多好多好大的紅包讓我嚇到了，可見每個人、每個家族的思維是不一樣的。一般人辦結婚都很緊張，我們兩個專辦「專案」的人，連彩排都省了。我認為，當天晚上不過是穿著禮服，到台中坐上主桌吃一頓飯的小事，我們的婚禮就完成了。但好笑的是，當天我竟然「人來瘋」，一進場就看到許多看著我長大的、好久沒見面的長輩都來了，開心的我穿著婚紗拿著玫瑰捧花，忘記了我是應該要含蓄的新娘，竟然脫離了紅地毯的走道，自己一個人跑到人群桌席間去和他們打招呼並送花。事後想起來，我竟把婚禮搞得跟選舉場子一樣。我盡興的打招呼，猛然看到我的另一半面帶微笑站在舞台上等著我，這一刻，我就知道這就是「包容」，

他很開心的看著我去玩，耐心地等著我玩回來。我知道這就是真正欣賞，找對象要找到欣賞你的人，這是最重要的。

▌亦師亦友：完美組合

結婚後，我都不覺得像結婚，因為我們每天都有聊不完的話，每天在一起工作，談工作問題，談客戶要求……我有他沒有的，他有更多我不懂的，在他的身邊大量地不停學習與吸收。這個關係的受惠者是我，因為我等同一塊海綿找到了營養的源泉。每當有所爭吵，很快就會化解。因為所有的一切都不重要，重要的是我們可以在一起，這才是最重要的。他是一個海量知識的人，懂得地理歷史，鑒古知今及新鮮事。他是一個很強大的導師、知識引導者，不管是對人的細微觀察，還是對事情、市場的判斷，他都有獨到的見解、我感覺他與宇宙有著靈動與感應。他是一個很嚴格的老師，帶給我非常高壓的學習。他讓我每一天都要寫很多的筆記，不只是記錄自己學了什麼，做了什麼，還要寫我要去學的東西的計劃。他對我是亦師亦友，他

說，他對我另眼相看的原因，是認為我是他認識的女人中最聰明的，他說我很像電影人物阿甘。《阿甘正傳》裡的主角，由跛腳到跑馬拉松，由無師自通創造了品牌及財富。本來我不高興，他為何用長得醜的一個男生阿甘來比喻我？他告訴我，他指的是，我和他一樣，潛藏著的智商很高，有無限的特質跟優點等著被激發出來。有如通靈，對我的心思都能掌握，我們亦師亦友，這是一個奇特的組合。

▌「岱瑪金誠」： 既是婚姻又是事業的金剛合體

婚後我們兩家公司合體為「岱瑪金誠」！我一直是個主導的人，若是沒有辦法引導我的人，我不可能跟他共事的。真的沒有想到，我可以跟另外一半在事業上這麼緊密地結合。我和他完美分工，權職清楚，完全沒有夫妻共事業的障礙與衝突。他的專業、解決困難的能力，及預測未來走向的本領，都讓我折服。他對高層的總經理、董事長這個族群有精準的分析，因此讓我們在追案子時常有神準的結果。我常覺得奇怪，他為何能對沒見過的人，能事先得知

對方在想什麼？有時候感覺他就個像外星人來投胎，我在他身上看到了「邏輯」，這也是我佩服他的地方。判斷錯誤的經驗，我曾體驗過。當年一人來到無親無故的台北，事業項目的選擇，客戶的服務，只要判斷錯誤，有了閃失，就要付代價。開公司的人就知道，他的精準判斷，讓原本經營事業抱著戰戰兢兢心態的我，對我倆的事業就具備信心而輕鬆了。我們還會彼此考試，針對一個客戶，你會怎麼判斷？我會怎麼提案？對未來趨勢的發展，我們有研究數據，更有他的直觀判斷。與市場的連接及客戶的服務就是我的專長，我能將每個合約落地到客戶滿意。他就像一個指揮官，他指哪兒我打哪兒，彈無虛發，使命必達，信心十足。他的理想，與我合作都能落地，我們是婚姻加上事業的金剛合體，也是客戶們口中的「神鵰俠侶」。別人看我們如此忙碌，認為是犧牲掉了娛樂，但對我們而言，事業就是娛樂。我的玩樂就是賺錢，賺錢就是工作，工作就是事業，全部綁在一起的。我們樂在其中，根本就不會想出國去玩，也沒有誰該記得誰的生日的要求。我們不過生日，因為天天在過生日。他的浪漫，就是

讓我常常得到驚喜的禮物。

3年落實1億的營業額

他是天府星坐命，我是紫微星座，我和他聯手，就成了彼此的左膀右臂。我們的分工很精准，他負責未來的佈局與格局，人才的培養。也就是市場的預判走向，還有服務內容的差異化，都由他精準的規劃。他經常說，厲害的人可以預測到2年後到10年，我們至少要能預測到3年以後的事。我追隨他的智慧跟智商，對他的觀察力跟判斷力心服口服。我感覺到他的能量灌到我身上，我的一些行為在無形中被矯正。感覺人生有了中心軸，有了真正的關係。我們彼此PK，互相學習，這就是我們的日常生活，很不一般。人說夫妻一起做事業，必定會有摩擦，這是不可否認的，但因為我們的心思是往共同的方向走，所有的差異，都轉換成甜美的果實。我們的結合，就是能文能武，有他商業的敏銳度來佈局鎖定目標，我開拓市場及鞏固訂單，接著會明確的會把執行方案都落地，端出應該有的成績，

也就是營收。彼此互補互信，當然是締造佳績，加上我們兩人的資源及社會脈絡都蠻強的，因此勢如破竹，擴大版圖，讓我們公司業績一飛衝天！3年後就破億，是非常不錯的成績，同事由5人到後來的60人，一路來披荊斬棘，每一年目標都會達到，都是成長一倍一倍的。跟外商來比，我們並不是大公司，它們有國外的龐大的資源，以本土中小企業來講，我們能在很短的時間之內營收破億，可說是非常不容易的。

多次試管嬰兒的艱難生子之路

成家立業了，我們也想要五子登科，希望能生兒育女。我們雙方都不年輕，一結婚我們就積極要有下一代。但一直沒消息，因此我們毫不猶豫就開始做試管嬰兒。「試管嬰兒」這個名詞聽來很時髦，似乎就是不孕者的福音，但只有真正做過的人，才知道這個過程是多麼痛苦，開始想要做試管嬰兒受孕後，我的每一天日子只能用「打仗」來形容。以前的我，總說：「我還很年輕嘛，先不急著結婚；

生小孩？以後再說。」心裡一點兒也不急，直到我想生時，事業工作量大，常常的熬夜及應酬，排山倒海的壓力及生活形態，讓我的身體機能面對挑戰。血糖過高，再加生活作息不當，當然就不易受孕。

▌一切為了降血糖：運動與清淡飲食的折磨

醫生告訴我：首先要調理身體，經常要檢查血糖指數。這都要花相當的時間及費用，還得聽醫生的訓話。每天戰戰兢兢地照著醫生的指令生活：第1個要早睡，第2個不准喝酒；第3是要積極做運動……都是為了不讓糖分過高而影響受孕。醫生的指令要我去騎飛輪，我就乖乖的去騎飛輪，一個禮拜去至少3到5次，剛開始時騎到兩隻腿麻木，第2次、第3次感到腿幾乎要廢了，但我還是堅持下去，繼續騎就對了。要避開精緻的白米白麵蛋糕，只能吃糙米、青菜。澱粉絕對不可以吃，因為我的血糖實在太高了。酒更是嚴禁，因為一喝酒血糖就會飆。於是只好每天自己帶著在家做好的糙米飯、白煮蛋、清燙的龍鬚菜跟秋葵去上

班。晚上做主人宴請客戶吃豪華大餐，我卻是默默從包包里拿出中午吃1/2，晚上留下1/2的自備伙食。為了賓主盡歡，要勸酒勸菜，自己卻是由塑膠袋裡拿這些清湯寡水的食物出來吃，還佯裝這樣也很好吃。想想這場面多難看？因為太忙，也沒有準備漂亮的盒子裝這些菜，匆忙之間是裝在塑膠袋裡的。吃得這麼辛苦，只要血糖有降，心裡就開心，沒降？一顆心就悲傷下沈，每天的心情就是跟著那些數字在變動起伏。心想，天天認真騎飛輪，該讓血糖降了吧？還吃中藥，西醫中醫都有各種降血糖的妙方，都得試。不再吃精米，全吃糙米，生活得有如一個乞丐，且不知這種日子還得多久？記得中間去大陸開會接案子，逃不掉得喝酒，只好假裝喝了，但把紅酒留在嘴巴跑到廁所去吐掉，連這樣沒品的事也得做。沒有糖尿病的我，得乖乖地量飯前血糖，飯後血糖，監控飯前胰島素，飯後胰島素。一面檢查子宮、輸卵管，一面要運動(騎飛輪)，一面控制飲食……只求能在檢查時得出可以做手術的指數。

▌三溫暖心情：期待醫生的「聖旨」與「醫生緣」

忍耐著吃自帶的糙米飯，拼命的打針，拼命的運動，日子在打針運動飲食的三溫暖中起伏，每次去檢查都滿懷著期待，期待醫生給我聖旨：「好了，可以安排做了。」我終於體會什麼是「醫生緣」，為了受孕，我接觸了許多名醫，但從來沒有一個醫生能保證能有結果。如果醫生脾氣好會好好講，但也遇到過很有名但脾氣不是很好的醫生，竟然非常不客氣的對我說：「妳不要再來了，妳血糖這麼高怎麼生？你生不出來的。」完全不顧慮我們的面子及心情。被醫生罵的時候，我真得覺得生不如死，且很恨自己為何要如此低聲下氣地要找醫生幫忙。醫生不給我答案時，還得耐心繼續做檢查等指數。這個過程打了無數的針，打到最後就無感，護士把我的肚子抓起來就開始打，我已沒有太多的想法，不能怕痛也不能抗拒，一切依照醫囑，該做什麼就做什麼。我期望這一切有解脫的一天：讓我試管嬰兒成功！

期待&失望：4年的折磨

試管是怎麼做的？要等所有指數都符合醫生的標準、數字都很漂亮時、醫生點頭後趕快當天取卵，麻醉取完卵之後，把受精卵冷凍起來，再等到算好的日子把它植入子宮。取卵要麻醉，那一天是不能做事的；然後，做植入的那一天也得在醫院再躺一天。然後，剩下的就是滿懷的期待，期待期待，期待期待……一周後，醫生會要我回去檢測，但，還沒到一周，月經來了，這代表又「沒有」、等於這一輪的所有努力又落空、一切的打拼又白忙了。那一刻，真是萬念俱灰。那段時間，真的，真的，花了4年的時間，求子共做了4次。若我能決定，不會只有4次，但過程中是醫生不給我做，因為他說檢查出來的數字不OK，就不讓做。活在期待與失望間的心情起伏，是自然受孕的人無法想像的。一次一次又一次沒有結果，這樣子來來回回幾次，真是無法形容這煎熬的心情。這個過程的起伏得失心，才是痛。

▌奉勸年輕人要在適生年齡就趕快生

這是我個人痛苦的經驗，我曾盡全力去做試管嬰兒，雖然沒成功，但是也不會後悔，因為它也是一種學習。人們都說女人生小孩非常痛苦，但我肯定，生產之苦是分娩的一天痛苦，而我們求孕的人的辛苦，卻是如此的漫長與複雜。因此我真的要勸計劃要生小孩的人，要生就要快，趁年輕，不要錯過時間點，因為女生的卵子，隨著年紀品質會變差，而男人的功能也是每況愈下。我在看門診時，看到有些20多歲的人也在排隊，就覺得很奇怪，這麼年輕就不行了嗎？台灣目前是全世界生育率最低的，我相信我們的社會一定有嚴重的問題而導致這樣的結果。真心提醒想要生的人趕快去生，別以為做試管是一件花錢就行的事，做這件事你要付出的努力是你事先無法想像的。奉勸：年輕人要在適生年齡就趕快生！

▌始料未及的「肺腺癌」來襲

接近4年的時間，兼顧事業與不斷做試管嬰兒，日子過得可說是千頭萬緒，日夜燃燒，每天的時間完全不夠用。對天發誓，我是盡了全部的力量了，可惜終究沒有如願……但我沒想到，真正令人傷心至極的事卻發生了。2014年的7月，才40多歲的他，感到有點不適而到醫院做個檢查，完全不覺得痛的他，就被確診是「肺腺癌」四期。這樣不可能發生的事，就是發生了，誰都沒有預料到，但它就是發生了。我們的心情，由懷疑、抗拒到終於接受，兩人都驚慌失措了。因為，我們找得到一流的醫療資源，最好的治療及藥物我們都用得起，但他的肺腺癌已經是末期了。

人生無常：痛失至愛

記得，2015年12月30日，是我的生日。公司在主婦之店舉辦尾牙及我的慶生，當天邀請親朋好友與員工廠商，100多個人。當時他已經住在榮總，但他還是記得要送給我禮物。他將這首詩當禮物交給堂弟Adam在當天唸出來，聽者無不動容，而身為宴客主人的我，是強忍著欲奔流的淚水，強顏歡笑聽完的。

獻給愛妻的詩《紫色飛鷹》

我們是一對桀傲不馴的飛鷹，

卻累世夙願、結草銜環地降在這一世。

對我們來說，愛情已經不是什麼重要的事情。

無怨無悔的付出，永恆不變的初衷，

試問何人能陪你走過幽暗深谷？

誰能不計後果承擔所有一切？

誰能堅持如春泉般源源付予無止境的犧牲？

我們的愛情並非紅色的，

非要任性的熾燒到紫色的純粹之餘；愛情已太淺薄也太短暫，

沒有什麼好說的，

我們也沒有什麼逝水年華，

只有廣袤無邊的大峽谷，

等著這一對飛鷹……

最後，他還寫著：記得我寫給你的第一首詩《純粹之焰》嗎？當晚派對後我到醫院問他：「怎麼還有時間寫這一首送我？」他用不太有力氣的聲音說：「如果我的體力好一點，我還可以寫更多送給妳。」在醫院裡，你可以想像得到，我與他相擁哭得亂七八糟。我們奮鬥了一年半，跟醫療單位及專業人員討論怎麼搶救我心愛的人，但最後還是失敗了。兼顧公司業務與到醫院照顧他，我徹底的身心俱疲！常常無語問蒼天，為何要我經歷這些人生的功課？最終他還是走了，他留給我這句話：「雖然我們沒有孩子，但岱瑪金誠就是我們孩子，請你好好照顧它。…還有我的父母……」我當然會的。

悲痛的療癒之旅：勇敢打開「潘朵拉盒子」

人們總是好奇，我沒結婚時，我是否是單身主義者；我這樣的女強人結婚後，婚姻會幸福嗎？等到我的先生因病過世後，又有人猜想：我會再婚嗎……想回答這些問題，要訴說這些心情與心態，都得打開我內心深處的「潘朵拉盒

子」才能說得點到為止……原本我是不願分享的，我是經
過再三的思慮，及強忍住我滿眶的淚水才決定分享的，因
為太深太痛了。那段時間，聽到我們熟悉的歌曲或事時，
都會撕心裂肺，有如心頭被割了一刀。事過境遷後，也是
盡量不要回想而再落入那種痛苦中。但，一想到他是我人
生如此重要的人，對我的一生影響如此大，他就是我人生
的一部份了，他是我的情感也是我的事業世界，因此，這
本書不說說他與我的浪漫及神奇，沒有他的出席就是不對
的。在此我要謝謝在我悲痛的療癒之旅上，陪伴我，開導
我的眾人。好在我自己的努力及眾人的護持，我終於走了
出來，也有了打開「潘朵拉盒子」的勇氣。

3種療癒：運動（熱瑜伽）+聽音樂+看古裝劇。

接受命運的殘酷安排後，我每天都不想講話，只想在家念
經。為我擔心的好姐妹就帶我去做熱瑜伽，起先我很排
斥，免費體驗了2次後為了情面買了6年的卡，接著就被好
姐妹半推半勸地拉去一起上課。起先我只是應付，但上了

幾次後，肌肉漸漸拉開，我感覺到一種釋放，每次把汗逼出來後就很舒服。每次上課的一小時完全放空靜下來，徹底與身體溝通，冥想專注想像光照著我的全身，尤其是收操讓我定心，我還搭配有氧拳擊，效果更好。只要做過，第2天打高爾夫，揮桿的幅度就大很多。習慣後，不做就會不舒服，於是開始自動去上課，由1周2次，到不要人陪自己天天晚上去，且把瑜伽服都隨身帶著。我也介紹朋友去，因為發現它對身心靈的功能。經歷事業、試管嬰兒過程注射大量藥劑、照顧老公……瑜伽的排毒及排水功能讓我由浮腫到70公斤的狀態回到上台北時43公斤的體態，這是因為它排廢水的功能非常強。那年年底辦尾牙，久久未見到我的人都驚訝我的身形差別如此大，這是做熱瑜伽的回饋。我徹底地愛上它，後來因為疫情而無法去教室上課，我在家裡也持續會做。同時我也做岩盤浴，也是為了能排掉太多吃進身體的藥物。還有，我可能是瑜伽做過頭而讓左手有拉傷的感覺，由 2019年開始不太敢做一些大動作，開始接觸精油。從此又愛上了調精油。每天因身體狀況在睡前用不同的配方來玩，把自己當實驗品，用著用著

有了心得後再去請教老師，已考上精油師的執照。我本來就愛唱歌，但現在唱得比以前好，除了做瑜伽增強我的肺活量外，還因為我不想講話、在傷心時大量聽歌。尤其是催淚的歌，每次都是一次療癒。特別記得聽到姚貝娜的那首歌讓我震撼到起雞皮疙瘩。她也是1月16號過世，與我老公只差一年。她33歲乳癌過世前說：「我不害怕死亡，但我害沒人來照顧我爸媽。」天哪，我就感到這就是我的他在跟我講話。這些歌我聽了太多遍了，把旋律都背了起來，因此走出傷痛後我變得很會唱歌，這也是意外的收獲。這段時間，我自力救濟的療癒之旅，能走出來，全靠做這 3件事：1是運動（熱瑜伽），2聽音樂，3是看古裝劇。之前我和他經常一起看歷史劇談人生，特別愛看三國、德川家康這類的劇，討論皇帝如何制衡大臣，這個家族為何興盛……他用歷史劇刺激我思考，讓我腦子不斷地打開，跳出框框後再串在一起。當導師已不在時，我一個人看劇時，總是在看到片子中一方之霸死掉時，就能平息一點我心中之痛。我看到瑯琊榜的劇中人物死亡時，都等於幫我的他再死一次。看到再厲害的人最終也難逃一死，我告訴

自己，這是人人難過但一定得過的關。回想起來，在這世界裡，沒人可以命令我，起先我不願意接受他的調教，太抗拒沒多久我就全盤接收了，他是我的人生及事業的精神及實務導師。他曾說，他娶了天下最聰明的老婆，每想到這一句話，我就淚崩。但我還活著，我知道，他會要我繼續聰明地活著……

▌懂了「照顧者」的世界：事業開始結合公益

這些事情發生了，我還來不及為沒做成試管嬰兒傷心，卻毫無心理準備地失去了我摯愛的人。我真的是懂了「人生無常」這句話說的是什麼，我痛失至愛的心情……只能呼籲大家：人生要務，要把自己和家人的健康顧好！在這一年半裡，我走過日夜顛倒的搶救歲月，也看到醫院裡其他病人的奮鬥，我關注到另外這群人的痛苦：照顧病人的這群人。躺在床上的病人固然苦，但照顧他的人，無論是家人還是朋友，卻活在另一種巨大的折磨中。人們對家有病人的照顧者都會禮貌地安慰：「辛苦了，辛苦了……」殊

不知這客氣的慰問對那些身陷困境的照顧者而言，根本是隔穴搔癢。我在病房裡旁觀別的病號及家屬，完全心有戚戚焉，我懂得什麼是徹底身心疲倦與痛徹心扉。他們眼看所愛的人受苦，心知有可能將失去家人，這些病人身邊的照顧者，正在走人生更深刻的一段苦旅。照顧者真的很辛苦，很辛苦，非常的辛苦！在外人看來，你就是一個正常的人，有正常的工作與生活，只不過是下班後要趕去照顧病人，或是你因此請假或辭職成為全職照顧者。別人看到的是病人，而不懂得活著的你的壓力。少子化後，許多人面臨一個人要照顧老人的挑戰，照顧者有時候是1對1（1個人照顧1個老人或病人），有時候1對2；也有人竟然是1對3（要照顧到3個老人或病人）……。目前政府對長照有許多協助，但照顧者的辛苦需要更多的人、更多的資源出現。我們要讓他們知道他們並不孤單，政府相應的資源幫忙、更多的經驗分享外，我們要預防連續的悲劇發生，因為不可逆的病情讓照顧的折磨無止境，會感到一切都沒有動力與意義。失去了工作的照顧者可能都養不活自己了，還要為病人或植物人花費鉅額的看護費、醫病費……？即使是照

顧阿茲海默症的家人，也是隨時神經緊繃的。我們不要讓他們孤軍奮鬥，這些生命歷程，是社會上正在發生的，我遇到了，才明白世上這樣受苦的人是這麼多，我開始關懷公益行動，並將之納入我的事業宗旨裡。在經歷過這一切後，我很感謝合庫人壽讓我接觸到《中華民國家庭照顧者關懷總會》，讓我餘生可以為這些照顧者做一些事情。

PART 6

網路營銷的現在與未來

網路營銷的現在與未來

▌ 人生三溫暖之路：繼續打勝仗邁向更高峰

經歷了人生的三溫暖，讓我比以前更努力經營；也更愛我行業，我必須接受整個社會的轉型挑戰，不管疫情會延續多久，我們不會停下腳步，會繼續邁向更高峰。我是學理工的，為何能在行銷產業裡做得不錯？員工規模從個位數到60個人？這不是一蹴而就的，是一步一步發展而成的。我常用打仗來形容這個事業，它要的就是一直打勝仗，打勝仗，打勝仗，也就是拿案子！當前，競爭者已不是同行，而是你的上游通路，及你的下游媒體。未來的時代是彼此既競爭又合作，這就是時代給我們的考驗。

▌ 分工愈來愈模糊：挑戰越來越多元

因為傳統的溝通模式已無法滿足客戶的需求，業種開枝散葉，越來越多元，想要提供一條龍服務、爭取統籌規劃行

銷全部預算的歲月已是過去式了。產業已巨變，過往的服務是分行、分眾的， PR歸PR，廣告歸廣告，活動歸活動，本來是壁壘分明的。而現在跨界，重疊，異業已成常態，這對廣告公關業來說，是一大挑戰，但也是拓展勢力版圖的好機會。企業對消費者的溝通將透過參與與互動，廣告不再是廠商唯一的選項，廣告主要功能的是Branding，不會在乎廣告、公關、直效行銷、事件行銷、數位行銷……的區別或劃分。公關業的業態就是整個經濟的狀態：產業分工愈來愈模糊，挑戰越來越多元。

▌議題行銷創造聲量：「品牌化」「數位化」已成為主流。

這個行業的缺點也就是它的優點，它永遠在創造更新，因為市場恒變，它不重複，所以不單調。一個完善的公關要提供的服務非常多元，包含企業品牌形象的管理、公共事務、危機管理、活動專案、遊說、媒體觀察與分析、企業社會責任（CSR）、網路溝通、媒體關係、議題管理、整

合行銷策略等。要運用新聞發佈、專題報導、專案活動執行、參與公共活動、舉辦記者會、商展，與各種行銷傳播工具。要能發掘訊息的共鳴點、留住記憶點，巧妙的公關議題操作，要能透過準確切入消費洞察與觀眾共鳴，因而引發骨牌效應，也就是媒體自發性報導及二度傳播。議題行銷的目的，是讓要企業品牌所傳播的訊息更具說服力、趣味、吸引人、或更有新聞價值來吸引消費者的注意，讓人主動討論企業和品牌，進而願意自願將訊息傳播給更多人產生病毒式行銷。所以我們要掌握社會時事議題、洞悉目標對象心理、了解媒體需求，購買有畫龍點睛效果的策略與創意，進而達成連鎖的行銷傳播成效。自從媒體也開始扮演企業公關的角色、更容易搶到企業公關預算後，媒體和擅長運用社群媒體做口碑行銷的數位行銷公司就都成為廣告公關公司的競爭者。由於網路資訊流通以及廣告主全球化策略，使得商品與價格資訊透明，因此「品牌化」「數位化」已成為主流。沒有大筆預算做廣告、或不能做廣告(如醫療產品) 的企業品牌經營者，就會選用公關公司，以少量的預算，進行議題行銷。目前數位行銷時代的

公關要能策動網軍創造聲量，影響民意，或是舉辦在網路
上闖關小遊戲或抽獎才能吸引人。

▌回顧數位廣告的里程碑：新技術帶動數位廣告

目前，只要擅長為品牌說故事、切入議題、懂得透過社群
媒體及運用各個領域的意見領袖，就可以直接為品牌和消
費者溝通及創造口碑效應。微型傳播的興起，部落客、
BBS、噗浪、facebook……都已是必備的行銷工具。人人都是
新聞平台，溝通管道變得難以掌握，所以就必須具備更完
善的情報系統及即時的危機處裡能力，這都是數位時代的
必要條件。

且讓我們回顧一下：1987年，蘋果推出安裝多媒體軟
體HyperCard的麥金塔電腦，隨著時序發展，Quicktime、
Photoshop、Illustrator、Flash、Adobe Illustrator出現；1990
年，Adobe Photoshop 1.0版推出，僅適用於麥金塔電腦；
1991年，蘋果發表第一版QuickTime軟體；1992年，
Macromedia公司誕生；1994年，第一則SMS文字簡訊在芬

蘭送出，Denso-Wave公司發明QR碼，用於追蹤豐田汽車製造生產。接著數位廣告就出現了，1996年惠普和Red Sky Interactive共同推出第一款《富媒體（Rich media）》的橫幅廣告「HP Pong」，接著Nokia推出第一支可上網手機的《Nokia 9000》。Flash軟體的出現，Nokia推出第一支可上網手機Nokia 9000；1997年，AOL推出第一個由廣告收入支持的AIM（AOL即時通訊軟體），也可以說是社群媒體的先驅，部落格Blog誕生；2000年，社群網站Friendster上線，3個月內累積300萬名用戶，Google搜尋正式上線，行動廣告首次亮相；2003年，MySpace、LinkedIn 、Facebook接二連三陸續上線；2004年，網路頻寬快速升級，半數美國網友都已使用寬頻上網，美國選舉開始引入線上影音；2005年，YouTube出現；2006年，Twitter誕生；2007年，蘋果推出第一支iPhone，以地理位置為主要訴求的廣告開始發展；2010年，蘋果推出iPad，Pinterest上線；2011年，Google+上線……從此，數位廣告就超越傳統廣告，一飛沖天了。伴隨電腦和網路科技發展而起的數位廣告史，可回溯到數位廣告從靜態圖像到動態多元的廣告型式。而今日，iPhone和

iPad等行動工具誕生，讓數位廣告進一步發展至多媒體、LBS等跨平台富媒體型式，看著這時間序讓人感到不可思議。

▍媒體屬性的大幅風雲變色：新媒體

入口網站越來越大越多，中華電信推出MOD後，網路可以連上電視機，加上年輕人人手一隻手機、平板電腦，網路蓬勃發展，取代了許多傳統媒體的功能，迫使許多報社關門。網路至今急速發展，許多廣告代理商也重新再投入新媒體、數位部門的成立。什麼叫做「新媒體」?新媒體由於科技變化太快，所以很難定義，或許可定義為「相對於『傳統媒體』之媒體」。長久以來的「舊」媒體，單向，很少回饋，媒體載具(vehicle)有限。但無論時代如何變，基本的道理不會變，廣告行銷要賣的東西一定是「商品、服務、觀念」。自古迄今，銷售標的不會改變，古代街頭的酒旗市招，賣的是酒和飯，和現代沒有兩樣，但行銷思維、戰略考量、戰術、戰鬥技術(如影片製作、文案寫作、數位想像……)是無一日不創新。數位整合行銷傳播DIMC，

就是從策略到品牌都改變了以往的作法。傳統行銷與IMC的傳播對象，即，消費者是「大眾」的概念，廠商與廣告公司以群體為區隔指標，和消費者缺乏積極互動，行銷以告知、說服為主;而數位行銷的銷費者概念是「個體」，每一個單一的IP，就是獨立的消費者。互動式的數位廣告出現後，雖然廣告公關的目的及功能沒有變，但營運模式被迫有了翻地覆地的大幅改變。有什麼樣的社會，就有什麼樣的媒體，媒體受到社會變遷的制約。過去廣告代理、媒體代理、公關公司、數位行銷公司，各司其職、涇渭分明，近幾年所有代理商已開始互相跨界搶其他代理商的地盤，以便提供客戶更多元的服務。當前台灣廣告公司經營者生存壓力遽增，面對的考驗也隨著環境變遷變得更複雜，除了要經常思考如何帶領自己的夥伴找出求生路徑，更要和同業一起合作提升產業價值。社會變遷是自變項，既影響了媒體，也影響行銷與廣告的發展;媒體是中介變項，先受到社會變遷的影響，但也影響了行銷與廣告發展;而行銷與廣告則是應變項，同時受到社會變遷與媒體的影響。新科技產生新媒體，新媒體導致數位行銷與數位廣告的創新。

這個行業讓經不起考驗的從業者陣亡得快，專業人才流失也快。

▋ 《新科技》《新媒體》帶來的《自媒體》

到了21世紀的20年代，以電腦為中心的網路科技已建構了數位行銷（Digital Marketing），數位行銷在商品、價格、通路、促銷不斷地有大幅改變。90年代初期，主要的廣告媒體就是「三台兩報」（台視、中視、華視、聯合 報、中國時報），而今天，無數的數位行銷工具可供選擇，廣告主甚至也可使用自媒體(廠商自家的網頁)或公共平台(如youtube或自家的FB粉絲頁)，一毛錢的媒體費也不必付，就可以運用到網路媒體衍生的新技術，被稱為新科技，或「新媒體」。這些數位行銷的創新也導致廣告型態的改變，除了廣告本身的訊息創意與媒體企劃外，更開創和以往迥異的行銷工具或方式。新科技產生新媒體，新媒體創新數位行銷，網路媒體所衍生的一些新技術，如臉書、APP、關鍵字行銷、QR code、網紅推播，不但改變廣告型態，也改

變了行銷方式，這些新技術，也被稱為《新科技》《新媒體》。傳統媒體受限媒體版面與時間，資訊量有限。而新媒體是海量資料庫，一個網路帳號，就是一個獨立的載具。新工具將行銷觀念從4P(Jerome McCarthy)、4C帶到數位行銷，與數位整合行銷傳播：DIMC(商品數位化、價格彈性化、通路虛擬化、溝通網路化)；60年代的行銷思維是「生產者導向」，戰後物資缺乏百廢待舉，因此廠商生產什麼就賣什麼，市場在賣方而不在買方。現在，全球化策略讓消費者的選擇無限寬廣，商品多元且價格低廉，市場的選擇權已流向買方，因此行銷就轉向消費者的角度思考。傳播工具日趨多元，網路和社群工具興起，以往重視大眾傳播效果，現在轉為談「分眾」，和目標族群一對一互動溝通，廣告公關公司需要提升對媒體的熟悉度，靈活運用傳播工具，才能達到精準的溝通。

▌雙向溝通精準行銷：流量實質轉換成訂單

有了網路，就有了精準的行銷，因為能和消費者做雙向溝

通。在數位行銷世界裡，消費者不再是靜態的消費者，他不再被動地被推銷，而是會透過網路的回饋系統向廠商提出主張或異見。因此，數位整合行銷傳播DIMC必須彙整類比與數位的行銷思維，消費者是群體也是個體，是大眾，也是公眾，更是有行動力的群眾，因此雙向溝通成為數位行銷的基本精神。過去是使用電視、報紙、廣播、雜誌的四大媒體，媒體選擇依據是收視率、發行量，雖然有市場區隔概念，但還是「散彈打鳥」，而數位行銷可進行精準行銷，且可追蹤繼續行銷。決戰商場的直白挑戰，就是看誰能把流量實質轉換成訂單。加上Covid19肺炎疫情讓全球的企業，不論店家規模大小，都把數位通路當成主要來客管道。透過人工智慧軟體等數位化技術或通路突圍，這已是必要條件及唯一的出路，而非選項。經營數位通路絕非只是在 Google 或臉書下廣告就能創造營收，如何在流量導引到自家網站後，即時分析客戶行為，依照喜好給予最佳商品推薦，才是創造精準行銷、下單成交的關鍵。網路讓線下轉線上，這樣的DIMC 極速轉型，把流量實質轉換成訂單。

▍AI智能廣告完成最後一哩路：行銷與物流、金流的線性串連

廣告界已面對AI智能廣告的趨勢，數位廣告之後，廣告勢必再創新。以AI人工智慧與新媒體為傳播工具的廣告溝通方式，這樣的智慧型技術，運用在廣告中更充滿想像與無限可能。互聯網是平台與傳播工具，更能引導廣告行銷與物流、金流的串連，成為由「資訊流」。經過「金流」到「物流」的線性模式，它徹底完成了數位行銷的最後一哩路。在過去，政府會介入內容管理，現政府主要功能只在強化基礎建設，如電信網路、資通訊硬體的升級，內容的管理已朝向鬆綁的方向。這些因素帶來的產業變化有:產品生命週期縮短，淘汰率高，導致必須不斷快速創新，唯有創新能力與維持高獲利率才能存活。雖然科技進步導致創新容易，但數位行銷的技術與工具如波浪般地襲來，它的殘酷讓許多數位行銷工具甚至還沒有誕生，還沒有離開實驗室就被無情的宣告死亡，而有幸離開實驗室進入產品化的，也多數通不過商業化的考驗。AI智能廣告完成最後一哩

路，但更考驗誰才是存活者。

▌核心價值觀定江山：ESG與CSR

21世紀，財大氣粗不保證成功，不環保不人道、形象不佳、產品不人道或不環保的商品開始被唾棄。當前市場願意買單的是企業及產品的中心價值，即企業的價值主張成為存活在市場的核心關鍵。鑑於氣候變遷造成極端氣候之影響，與2019年起新冠肺炎疫情等對全球帶來的衝擊，促使各國重視環境及社會的永續發展，ESG這個主張也成為企業藍圖及廣告商服務客戶的重點。它代表的是環境保護（E，Environment）、社會責任（S，Social）以及公司治理（G，governance）的縮寫，是一種新型態評指標，許多企業或投資人會依ESG評分，來評估一間企業是否會永續經營的重要指標，因而決定投資決策。目前，價值觀由小我擴及到大我，企業社會責任（Customer Relationship Management，簡稱CSR）已是社會大眾關心的焦點，企業與利益關係人（stakeholder）的互動，逐步擴張到公部門、社區、非營利

組織等範圍，因而對CSR 專業顧問的需求度增加。這些觀念的轉變，帶動專精於ESG及CSR 的廣告公關顧問公司，而我們也以這個大方向為公司的營運目標。

▎工具的整合：數位數據的應用

「數位整合行銷傳播」Digital IMC時代的行銷趨勢:從4P到「整合行銷傳播」IMC，再從IMC到「數位行銷」，加入的是數位化的思維。由策略面:傳統的類比式行銷必須搭配數位行銷，形成虛實整合;在理論面上則是要兼顧傳播理論與說服理論;這些都須要配合數據應用(整合社會科學研究)及數位數據(網路調查、輿情觀測、大數據);而戰術面的改變是，工具須整合數位媒體統攝廣告、公關、新聞作業。不同的需求、思維及工具，當然就有不同的效果。透過數位數據的應用，當前的廣告服務不只是會有綜合效果，且會有認知、情感、行為交互效應而形成更強的品牌相乘效果。

▍和客戶一起做階段性的成長：協助中小企業及老品牌創新

目前中小企業的比例還是最高，台灣95%都是中小企業。147萬的中小企業老闆都很辛苦，往往老板身兼數職，要面對2個挑戰：1是請不起30萬月薪的高專業經理人，只好老闆兼專業經理人。2是它們很大比例都面臨轉型期、更年期，爸爸媽媽輩接受的品牌，年輕人可不會接受，品牌對老年人而言是安全信任感，年輕人心目中的品牌代表的是潮流感。3是產品及企業也已經細分小眾了，廠商發現自己越來越不了解客戶。面對員工、客戶、市場，因此需要一個能解決方方面面問題的服務型的公司。好消息是，老品牌可以長出新商品，但這就需要大數據的佐證及研發技術的不斷投入，老牌子可以分眾出很多副品牌、子品牌。只要跟市場做好溝通，仍是大有可為的。我看客戶是如此，看自己的公司也是如此。如果我們的服務沒辦法解決他的這些困難，我們就無法拿到案子。這是我早就預見，並且做好準備的事，也就是說，我們必須和客戶一起做階段性

的成長，要能因應各種衝擊，比如疫情的來襲。客戶和我們要能精准判斷未來的走向，要更深入的交流及彼此學習。現階段，我們以協助中小企業及老品牌創新為目標。

▌ 世事恒變：由行銷到營銷

之前我們這樣的公司定位是「行銷」公司，但現在是「營銷」公司，因為必須是整合行銷跟營運的功能。當公司碰到營銷問題時，有些企業主對未來將發生什麼事是不明確的。過去的成功經驗已不適用，有一位企業主非常困惑，對曾經的5個億營業額跌到5百萬的營收無法接受。他們不明白趨勢決定一切，也沒預期到通路會被瓜分掉。市場、客戶和品牌都是會被瓜分掉的，太多名不見經傳的品牌、你的上游製造商或是下游通路商會跳出來變成你的競爭對手，這種情況讓很多老企業措手不及。世上沒有一勞永逸的營銷方案，因為市場恒變，營銷也得變。執行不能僵化，每個月的經費要和每個月的進度互動，隨時觀察市場反應，隨時調整方向。再精准的眼光，也要被市場考驗。

但在做調整時，就牽涉到是否願意改變的勇氣。此時，就需要有足以佐證的數據來說服客戶，以免因為判斷錯誤而造成損失。產業的變化，我們的感受最快最直接，因為客戶會把最直接的狀態告訴我們，並且期待我們能因此提出很精准的方案。

▌要求轉換率當道：不再「30年河東，30年河西」

在以前，市場是可以預估的，也就是「30年河東，30年河西」的轉變速度。可是現在，「3年河東，3年河西」，層出不窮的、紅得莫名其妙的案例讓人跌破眼鏡。市場上，已不再是「大魚」吃「小魚」，而是「快魚」吃「慢魚」。市場翻篇了，商品週期變短了，金雞母不再是長銷品。現在，客戶對行銷公司的期望也已不一樣。新產品上市時，客戶最在乎的就是市場市佔率，如果撥了預算，就會期望看到業績，甚至會要求轉換率。若企業的營收沒有提升起來，企業瞬間砍掉的經費，就是行銷公司的方案。有些企業甚至會把成敗的責任都推給行銷公司，當然這是

不公平的，因為營銷公司無法包生兒子。且100萬與1000萬
的預算，就會有不同的成果。此外，品質、生產、設計、
定價若錯了，再棒的營銷公司也無法扭轉局面。

▎同為甲方與乙方：與客戶為合伙人及戰友

所有企業面對迅息萬變，在這個食物鏈裡，客戶端都受到
很大的衝擊，更何況是營銷公司。

我發現，企業也在尋找事業夥伴，於是客戶不再只是客
戶，我們越來越有和客戶一起打仗、彼此是一起打仗的生
命共同體、共同打拼的戰友的感覺。在紅海商場上，殺價
不是決定性因素。若能協助客戶超越障礙，與客戶形成戰
友的情誼，那麼後續才會有機會得到更好績效的案子，而
非讓比價最低的人來得標。市場改變後，在跟客戶研討
時，是帶有轉換壓力的。但也因為這樣，營銷公司開始越
來越像企業的合作伙伴，企業主和服務公司，已形成生命
共同體，而非把責任都推到任何一方，而是要共同有參與
度。客戶已經不單純是客戶，它還希望是你的合伙人。過

往他是付錢給我的客戶，現在是期待我要變成他的合伙人。目前很多客戶已把我們不只是當成是服務商及營運諮詢顧問，更期待我們也是合伙人，客戶希望我可以直接在合作的過程裡有更深度的貢獻。這樣的任務及角色，要有實戰經驗的人才能勝任。這種局面，就是我們並非自願的，但不得不去面對的：我們既是甲方又是乙方。

▍客戶就是我們的老師：互為戰友及顧問

最現實的就是「營收」。在這個行業裡，沒有全力以赴的條件及心態的話，就會感到很累而無法繼續。這個行業須大量閱讀資料後消化吸收分析，再精准的提案及提供服務，因為在學校的所學能所用的其實很有限，但後來我覺悟，真正的老師及教材，全來自客戶，全來自真實的商場。要與客戶有同理心，自我也要有使命感，才能面對充滿競爭的未來做更好的佈局。我有很多忠誠的客戶形同夥伴，彼此都知道要怎麼一起走。我不再只追求客戶數量，而是要深入客戶的需求，同步創出自己的品牌跟IP。變化腳

步太快，我常覺得需要靜下來去思考未來的發展，盤點既
有的資源，並不斷的去跟已經轉型成功的前輩做學習。邊
做邊學，快速調整的人通常就是引領時代改變的人，因為
時空背景已全然不同了。講理論客戶已不耐煩，不管你的
口才再怎麼厲害，只要沒有營收就都是虛的。過去我們的
戰鬥力來自參與度、靈活度與經營關係的成功，但我們也
需要展望未來，要有新的規劃。是的，我們做為客戶的顧
問，自己本身也需要找諮詢的顧問。因此，有時候，我的
客戶就成了我的諮詢顧問，我見到優良的產品及企業，也
會心思投資，這個生態，已經是互為戰友及顧問了。

▎網絡世界更需要危機處理

行走商場，有如行走江湖，少不了明槍暗箭，在網路時
代，更少不了被罵的流彈。那麼，在網路上被人家罵了怎
麼辦？有些人誤以為可以花錢就抹掉，但網絡是「凡走過
必留下痕跡」，即使是不真實的指控你也消不掉的。所以
我很深刻的體認到，輿論跟網絡媒體的操作，對一家公司

或對一個人，都是非常重大。星星之火可燎原，甚至可能顛覆公司的生存，甚至會讓你的股價立即受挫。努力了大半輩子的江山，有可能因為一個小事的謾罵被毀了，這種狀況就是「企業危機處理」。比如政治危機，醫藥公關，企業經營固然不容易，但同時必須維護口碑，這是一個很重要的功課，也是我們最擅長的服務。網路記錄是無法拿掉與消滅的，但是我們可以做平衡與優化，可創造新議題或是把新的價值重新定位塑造。

PART 7

網紅大賽 & 房地產開發

網紅大賽&房地產開發

▌人人都可以是明星：網紅現象

最後要談的，當然就是「網紅」趨勢了。過去，拍廣告找
代言人，找的都是名人藝人，但現在一個網紅的流量可能
就超過明星。因為網路平台與載具不斷推陳出新：社交平
台、募資平台、粉絲團論壇(PPT、Dcard)、關鍵字 廣告、手
機APP、QR code 、行動支付、抖內；而內容表現方式也千
變萬化：Banner廣告、懶人包、微電影 短視頻、貼文、電
玩遊戲、 Kuso、貼圖。科技創新讓人與人的距離消失，只
要懂得經營社群就能組織網民集結客戶。每個人只要有其
特色，運用網路而創造個人特色來推銷商品的新人物「網
紅」就出現了。類比時代的媒體環境是「新聞獨大」，那
時的商業置入新聞處理，通常是刻意將新聞價值置入單純
無趣的商品訊息中，包裝成「假事件」來見報或上播報
台，而現在，「銷售」是簡單直接、開門見山的。人人
都可以是明星及賣貨者，路人甲路人乙、張三李四這樣

的素人凡人，只要有其特色，找到得共鳴者，就能創造高關注、流量與商機。懂得操作數位行銷漏斗的人，長於輸出情緒價值，運用時代的紅利，把握流量、變現、訊息差而進行「天地人網」的佈局，就可以實現全渠道的增長，在短短的幾十天時間獲得了上億的播放量、贏得千萬粉絲及單條視頻跑出了高交易額的純自然流量。「天網」做內容和傳播，「地網」做轉化和成交，「人網」做裂變和傳播，這樣的高手就出現在網路上。

「易開罐文化」：網路加速速食易忘

廣告本來就是易看懂易遺忘的訊息，其目的是「銷售商品」，而不是要傳世的史記，不圖書香哲理的承載。傳統廣告都不求永恆，數位廣告更是如此。許多網路上出現的傳奇迅間成為歷史，當下看到嘖嘖稱奇的廣告台詞，轉眼就被忘記或取代，資訊爆炸帶來更多的速食式「易開罐文化」。廣告本來就是容易使用、容易滿足，也容易消失熱情，用後即丟，即使有感動，也只是瞬間的消耗品。就算

有瞬間感動，不會成為永恆或記憶，只有極少數能成為經典，這本來就是廣告業的本質，而數位化後的廣告速食易忘的汰率更高，我們也預期：大部份的「網紅」壽命也是短的。消費者及粉絲的忠誠度不再，這對人際關係及社交系統、甚至人類文化文明都有巨大的影響。

預算越來越小：資訊越來越快越短

休閒時間破碎，短影音的觀看模式已成主流，要表達就要濃縮精簡快速。資訊碎片化的爭議還沒定論，資訊已越來越短越碎。由2010年開始，微電影就已取代部份的電視廣告，微電影廣告只有5分鐘的長度已讓人驚奇，現在已要求在3分鐘內就要把故事說完，這些演變讓人覺得不可思議。現在已有更短的「短視頻」當道，抖音油管上的視頻，更多的是10到20秒的短影音，長篇大論？在3秒鐘裡就被刷屏了。我們在接案子時，原本的一隻影片現在被要求做成3集到10集，我們也認同這種對策，這種新做法看來很笨，拍一隻就可以賺的錢，為何要把它拆成那麼多隻？其實這種

做法的道理是：讓它多幾個吸睛的誘因跟鉤子，讓人想要追蹤你的行銷訴求目的。資訊越來越快越短，而預算越來越小，這都是我們要適應的挑戰。

▌「全民皆網紅」：自媒體成顯學

資訊爆炸，工具翻新，媒體增減，商場的變化也是越來越快。品牌的塑造與成長，已被分眾及越來越多的媒體決定。雖說，傳統媒體並非完全消失，只是要靠整合線上線下，先在網路線上炒作，再影響電視名嘴評論，報紙、電視再跟著追蹤報導，這種擴大影響的流程成了標準作業方式。但不可否認的是，不看電視的人越來越多，在這種競爭激烈的的狀態下，要靠多元通路才能維持市場，所以沒有人可以忽視「網紅」這個通路。有一個趨勢是肯定的，那就是「全民皆網紅」的時代已來了。曾經，部落客是網路上的紅人，現已有的網紅現象，由食衣住行到娛樂，無處沒有網紅當道的聲量。趨勢無人能擋，自媒體本來是個隱學，現已經變成顯學。部落客都是圖文的產出，現在5G

環境下，圖文已轉變成影像，且是短影片，且越來越短！

素人當道：業績為王

在這個新跑道上，短視頻網紅取代了2小時電影裡明星的光環。以前有此一說：「人人都想做個明星，3分鐘也好」，現在，張三李四只要對接到喜歡的粉絲，靠30秒的短視頻就有了不輸給藝人的身價。怎麼名不經傳的網紅也能賣東西了？怎麼張三李四小人物的網上流量竟超過大明星？這些正在進行的事已是常態，這些原本名不見經傳的素人，如何翻身將知名度轉換成營業額？為什麼會這樣？網紅可以分享的是什麼？到底能經營多久？爆紅後是否只是短暫的現象？廣告、公關、代言、藝人的價值竟重新被估算？大家還來不及分析這些現象產生的原因時，就被推著要要進入網紅經濟的量體，因為，業績為王！以內容取勝，能吸晴的網紅能為企業立即快速變現，他們已成為商場爭取的寵兒。

▌ 實踐超越了理論：網紅直播經濟&庶民運動

官網做了，不代表就有業績，官網沒有人來看，是不會有營業額的。理論上的產品力，競爭力，通路，行銷，包裝……4P8P講得再多，回歸到現象面來看，不如讓消費者掏腰包來買的結果，而網紅就代表著「立即變現」！過去的代言人是大明星，現在網紅成代言人的首選已是不可逆的行銷趨勢了。網紅直播經濟，成為庶民(素民)運動及新價值，它確實帶動了商品的銷售。行銷的學術理論多如牛毛，而並不懂這些專有名詞的網紅把它們實踐了出來，轉換成了真實的業績。網紅讓人跌破眼鏡：網紅感覺就只是一般般，就像我鄰居家的小孩而已？我有一個朋友，忽然之間聽人們都在說，你的兒子現在很紅，很多人每天等著要看他，這爸爸都感到不可思議：「什麼？我兒子這麼紅？」然後，親戚都問：你怎麼不叫你兒子幫你剪一個影片，幫你宣傳一下？老爸也真的去問了孩子，得到的答案是：「我拍一隻影片要60萬，我的行情就這樣……老爸半價。」老爸矇了，這個從小就不愛念書、表現得很差的兒

子，竟靠著網路，憑著他自己的本事，創造了自己的追隨者與受眾，就對著手機講講話，就賣起了衣服、月餅、手機……。網紅見證了，野蠻生長與實踐超越理論。

▎五花八門的網紅面貌：新經濟的食物鏈

大陸的鄉間女孩李子柒2016年以「古法風格」發佈原創美食視頻，至今訂閱量總播放量超過2億，比任何影星的粉絲都多。一個年輕男生、化妝品專櫃美容顧問李佳琦，在2016年底，在直播項目比賽奪冠後，靠在網路上塗塗抹抹賣口紅竟然大賣。還有一些人把自己的人生遭遇拍成短片，製作成抖音視頻，也成為勵志偶像。網紅的面貌是五花八門的，也有如含著一顆滷蛋，大舌頭講話不清楚的人，但也很多人想看；也有裝楚楚可人的用美顏變漂亮的小可愛，一樣有愛看他的受眾。根據分析，過往的明星是有距離的高高在上，現在人們要的就是同理心的投射，越平凡越讓人有共鳴。一個認為社會很不公平的人，他的憤怒也能激發出一堆也對社會感到不公平的追隨者。有了追

隨者後，再找到一個適合幫他發聲的品牌，這個三角關係就建構成功了，這就是一個新時代的生態及食物鏈。網路造就了一種經濟奇跡，懂得運用這個力量的人，能讓自己自主變成品牌，創造商機。

▌有為者亦若是：「直播」全民運動

種茶葉的，賣滷蛋的……都心生「有為者亦若是」，有了試著去做個網紅的念頭，於是，「直播」成為全民運動及口頭禪。不是有口才的人才能是網紅，網紅身份有無限大的可能，小小的嬰兒寶寶，甚至一隻馬、狗或貓，一樣被當成明星在操作。有人就是在鏡頭表演睡覺(什麼都沒做)，吃東西(大胃王表演)，也贏得大量粉絲。網紅不是年輕人的專利，有70歲的農夫、漁夫、廚師，講講他的日常生活，帶上農耕漁獲，也成為網紅。大陸的格力電器董明珠也親自下海來直播賣貨；超級大老闆馬雲和原本為化粧品專櫃員的李佳琦網上比賽售賣口紅。這兩位直播是造勢噱頭的意味強，而其他追求營收的老闆們也蠢蠢欲動。靠花廣告

費多年後，看到網紅趨勢，有些老闆自己也跳下來了，不
再求人，不再找代言人，鏡頭前自己來！

「愛分享」：帶來網紅經濟及貴人緣

我突然明白，自己一生的核心就是「愛分享」，根本就是
網紅經濟的精神。營銷是這麼地有趣，它讓我這麼投入的
原因是：它可以幫助到人。我的起心動念就是我的爸爸媽
媽從小讓我學到的就是分享。我家不富有，但家教非常善
良，看到有人沒有錢吃飯，或是路上有可憐的人，我們會
盡自己的能力去幫忙。我這種個性，讓我常常由學校回來
時，書包裡的許多東西都會不見，只要有人向我借，我就
給，最後搞到自己沒有筆和鉛筆盒。別人有什麼困難，我
會主動幫忙，日後我有什麼需求，對方也會幫我。由以前
的打工賺學費到後來的工作創業，我總是碰到很多有形無
形的貴人來幫我，原因？就是我「愛分享」的性格。只要
有「分享」的精神，就能掌握「共享」的趨勢。年輕時曾
花很多錢充電學習，因為我每天都要放電培訓組織裡的

人，自己要不斷的充電，轉化成自己的養分後的成果就是數字跟營收。功不唐捐，那時學會的教學訓練、組織建構、品牌認識的基礎，讓我能快速進入這個行業，瞭解企業組織文化、企業產品、商品跟制度、對接銷售服務。我「愛分享」觀念、資訊、人脈及物資，讓我朋友多，貴人多，而在商場上這就是很大的資產。我們要分享東西與觀念，但要注意分享的不要是垃圾，要是正能量的。三姑六婆也「愛分享」，但有些是分享負面的。網路上，很喜歡吃的人就分享吃，就吸引一群吃貨；有的人愛穿搭，就分享她的穿搭。突然，只要有特殊才華，比如唱歌跳舞變魔術，就可以成為網紅。個性是成敗的重大決定因素，我的運動員性格本質就是愛挑戰、愛分享，越分享越豐富，這就是網紅精神。

順勢還要創勢：網紅必備的5力

網紅就是一個「影響者」，影響的受眾是誰，有多少，就是網紅創造出來的力量，也就是粉絲力。上台靠運氣，保

持在台上就得靠功力。有效設計人設並加以運用，維持網紅壽命，需要的是十八般武藝，不管是生產自己的商品，或是代理別人的產品，都牽涉到許多管理工作。有規模的網紅，既是老闆也是員工，還有金流囤貨倉管……小網紅開始時可能只有一個人，一人吃飽就全家飽，但規模大了後，開始要養員工，要面對更多的粉絲服務，這壓力就不同了。細細分析，成功的網紅能具備多種能力內容創造力，思維傳播力，還有包含這個所謂的拍攝技巧力，還有品牌經營力及銷售力，再精準的分析，就是我們主張的，網紅必須要具備的5力：數位直播力、內容創造力、個人品牌力、直播銷售力，跟社群推廣力，才可能有更好的未來。也就是說，這些環節都要做到位，順勢還要創勢，才不會明日黃花，無以為繼。網紅面對許多挑戰，都是種種要克服的過程，這讓我看到未來的網紅需要這方面的服務。

拋磚引玉《MiiShare101就是愛分享網紅大賽》

起步時小成本製作的網紅要思考的是：質跟量之間的取捨

是什麼？即使暴紅了，接下來就要因應市場需要而要改變！網紅的先決條件就是一定要有一顆愛心，要有足以感染別人的熱情，如果你沒有這份情懷，是無法經營網紅這種事業的。成功的案例一定會有人來模仿，這代表你必須進步及改變，才能讓收入提升，知名度繼續增加，不被人取代。沒有一個行業可以長紅，人人都面對轉型。我不斷觀察及思索，接下來的生態會是如何？根據這些思考，2021年我們就打造了網紅大賽的平台，它的主要精神就是《愛分享》的網紅人格特質。唯有具備這種精神的人，才能在鏡頭裡迫不及待地分享自己的生活或專業給粉絲，並且期望自己的分享能幫助、改變粉絲。這個平台是公平公正公開，對所有人開放的。不分種族性別，男女老少，學歷高低，我們都鼓勵來參加。大賽平台提供網紅們資源的灌溉及驅動力。《MiiShare101就是愛分享網紅大賽》的報名費非常便宜，只要101塊台幣，且全部捐出去，它是一個拋磚引玉的活動。

▌《MiiShare101就是愛分享網紅大賽》：讓全民成網紅

有一個使命感，希望可以把網紅這個事業拓展得更大，現在人人都是自媒體，人人都是網紅，可是這個詞有點泛濫，好像必須特立獨行才能成網紅，但事實上每個人都有自己原始的樣子，只要把特點優點展現出來就可以是網紅。每一段的人生的累積，都會累積成現在的你，每一段經歷都不會是浪費。學習的能量累積在自己身上是不會消失的，等到需要用的時候它就會出現，曾經學過的全部都是你的本事跟能力。每個人都能成為網紅，我們設計了完善的比賽機制，目的就是要讓素人可以成網紅，讓網紅更紅。我們提供教學及與企業鏈接，塑造品牌大使。這是一個磨練的平台，許多企業老闆把他們的下一輩送來參賽，因為這個比賽是一個正派、正能量的場域。比賽中的網紅參賽者幫品牌企業曝光，以專題的方式讓好的商品交到消費者的手上。2021年的第一屆大賽在疫情嚴重的情況之下有從新加坡、馬來西亞坐飛機回來參賽的人，我們共同創造了非常好的口碑跟效應，報導影片閱讀流量破百萬。

▍「網紅業配配平台」：網紅與企業的橋樑

參加大賽的人有何改變？有的是粉絲漲粉，有的是讓企業業績倍增，有的是改變了害羞內向的性格。成為網紅後呢？開店容易守店難，即使有流量，但流量要怎麼變現？這是一個重要的技術。運氣好的人可能一開始就流量衝得很高、成網紅，可是後面的經營靠續航力，接下來就要投資自己才能繼續壯大，更要主動爭取露出機會。無論是兼職斜槓的還是專職的，網紅要繼續經營自己，壯大定位，就必須懂得經營這個身份，如何配合小編及剪片人員，如何最大化人設的產值……這些能力都要有。企業需要運用這股新興的網紅力量，而雙方如何巧妙的連結，我們願成為一個橋樑。我們選擇做這個重要的平台跟媒介，要成為企業跟網紅端配對的機會點，我們名為「網紅業配配平台」。過往廣告媒體有訂價，現在網紅的叫價還沒有定律。讓企業找到等值的網紅，不要有「蹺蹺板失衡」的現象，渠道要平衡，應該不要有壓榨，而是互補，彼此成就。扮演企業跟網紅之間的橋樑，也提供一個網紅的學習場域。

▊ 網紅量表：「業配」加速器

網紅不能只有短暫的曝光，必須言之有物與不斷提升，才能留住粉絲與提升營銷金額。其實有許多網紅表面熱鬧，但沒有收入，飯都吃不飽，還得跟爸爸媽媽要錢，這時就要思考，自己是否適合這個工作？因此，我們也成立了《亞洲網紅IP產業發展策進會》，同步完成的網紅測評表，把很多的細節都考研進來。這個量表能協助想要入門的人做具體的評估。我們會安排網紅參賽者接企業主的產品任務，提供「網紅特派員」工作機會，透過實際的業配操作，來演練出變現的成果。我們要成為網紅成長的加速器，它不是趕潮流，而是一個精心籌備許久為市場端規劃才端出來的項目。世上沒有永遠的成功及失敗，商場就是個公平的舞台，人人有機會，全民皆網紅。品牌須要維護，若你的起步是靠嘩眾取寵，到後來就會有負面的評價，且會無以為繼，結果，早期的聚眾能量會反彈到自己的身上來。所以網紅要珍惜頻道及自己的形象，創造正能量的價值。世上所有的成功都需要時間，IP的養可能需要1

年，甚至更久，我們這個平台擔任加速器的功能。

▌設定目標：取法乎上

做事必須取法乎上，也許做不到100分，但至少目標是100分的話，至少也會有有80分，90分；盡其在我後，若能有80分，就有機會上看85、90 、95……好的開始，跟完美的結尾，至少要做到無愧於心。這時，企圖心就很重要了，首先要給自己一個目標，破個百萬當然很難，但也要設定一個數字目標。每個人做事要全力以赴，不然成果就會一直打折，打了7折後，到了下一個人手上再打個7折，就只剩77得49，再打個7折，就剩下不到3成了。效益可以倍增，也會遞減。網紅要衝刺流量就要懂得創造新議題，強化自己的價值，培養新粉絲。大賽協助網紅給自己一個目標，我們的功能是一個「業配」助攻，基本上就是提供衝刺的機會，媒體會相對應的得到更更精彩的內容。

▌帶貨型網紅3大銷售心法

我不只是個營銷者，我的起步就是銷售，因此對網紅的
「帶貨」能力毫不陌生。如何可以在短短時間內讓消費者
從知曉、認識、心動到行動，這個過程，到底要如何起到
化學變化？我歸納出3個帶貨型網紅的銷售心法。

1/ 突破心理障礙設定目標：這是化不可能為可能的關鍵，
打開視野，大量看別的成功者怎麼做，而且一定要設定目
標。我曾在兩個月之內創造兩億的營收，證明不可能的任
務是可能的。

2/做足功課建立信任感：深入研究商品特色，包括競品分
析、市場區隔定位等等，做足功課，才能即時應變。她強
調，消費者有任何疑問，絕對不能一問三不知，就算無法
及時解答，也必須盡快找更瞭解的人來回答，不能讓消費
者對品牌失去信任感。

3/鎖定目標族群與之對話：鎖定目標族群與之對話：透過
對方能接受的語言，讓心動變成行動。我以銷售「皇昱建

設」的AI智能養生遊輪宅為例，當時目標族群設定在追求「有品質的生活」、對「AI高科技」有興趣，同時還具備投資概念的人，而這些條件的鎖定，都是研究產品特色後尋找出來的。

《MiiShare101就是愛分享網紅大賽》的4個100

了解銷售心法之後，最重要的是有機會運用，不斷練習銷售技巧。這也是我們舉辦網紅大賽，投身網紅新人孵育事業的重要原因。2021年底我們成立「台灣良品好物完銷平台」，結合未來網紅新人與企業進行媒合，讓網紅能得到充分的舞台展現實力，而企業也能藉由專業的帶貨銷售，獲得業績成長。有壓力有目標才會有動力，期許參與大賽的網紅們參與了4個100。第1個100：每年由大賽號召邀請100個網紅一起來做公益；第2個100：期許自己當一個有正面影響力的網紅，經營社群粉絲數目標衝破100萬；第3個100：期許自己年收入目標衝破100萬的網紅；第4個100：每次接受品牌企業委託，能夠衝破100萬的業績目標。我們

會安排大企業跟大流量的網紅一起來做聯動，但也建議產業要有眼光看好多元的小網紅，我們也會鼓勵企業自己可以培養專屬的網紅。惡性的競爭對誰都沒有好處，今天我搶你的案子，明天你搶我的案子，結果客戶也未必得到最好的服務。《MiiShare101就是愛分享網紅大賽》擔任重要的橋樑角色，不只是會得到雙贏，我們的目標是3贏4贏多贏！良性合作的多贏，將企業的想法與市場做連接，讓網紅能夠與客戶建立分銷分潤的緊密關係。網紅跟媒體之間要善意的互動，而不是競爭的關係，運用多媒體的整合方式靈活的去組合，這是要大家一起共同努力的。疫情改變了一切，我們思考了很多，也跟很多的產業溝通，然後包含自己的所知所學，給整合出來的。我們要每年號召100個網紅做公益、鼓勵參賽者目標邁向破百萬流量、年收入破百萬。幫網紅幫品牌創造百萬業績，期許台灣的網紅公益事業，在世界發光發熱。

資源整合的系統：KOL Star導師：

2022年，即使疫情仍然沒有徹底離開我們，我們還是毅然決然的繼續舉辦第2屆大賽。參賽者會在報名後得到一個帳號，一個專屬的推廣平台。如果是隨便做，就乾脆不要做，要做就要想辦法把它做到最好。我的大賽，是業界唯一提供KOLStar導師的大賽，能具體助參賽者成長。我們建構起資源系統，會有持續的進步與公益結合。對的事情，就持續做，《MiiShare101就是愛分享網紅大賽》會持續舉辦，我們努力與媒體、企業及網紅溝通，一屆比一屆要追求更好的效益。企業要進步，品牌要進步，身為廣告代理商、媒體的我們更要進步，我們希望可以因《MiiShare101就是愛分享網紅大賽》而把各方的資源都聚集起來，這就是關鍵性的資源整合，也是痛點的整合。這個產業面臨的挑戰很多，大家只能亦步亦趨，逐步把它建構起系統來。

結合公益：阿美族的河邊教室&1919偏鄉陪讀計劃

《MiiShare101就是愛分享網紅大賽》，是業內唯一導入大數據分析及網紅 AI 導師的大賽，是唯一加入提升網紅營銷

能力的課程的大賽，是唯一共同支持企業 ESG 的比賽，也是唯一支持社會公益的大賽。《MiiShare101就是愛分享網紅大賽》延伸出來的公益端，能讓貢獻更多。2021年我們協助【阿美族的河邊教室】募款，讓學校蓋起來了，2022年第2屆大賽我們支援的是已累計幫助超過6.5萬人次孩子【1919偏鄉小孩的陪讀計劃】。我們承諾日後的每次大賽都會繼續結合公益，創建善的力量循環，希望盡一份小小的力量，累積一點點改變來共同創造商機。社會企業的責任，是當代商業裡的重要元素。從以前的CRS到現在的ESG，一直是我的信念，也是《MiiShare101就是愛分享網紅大賽》整體要呈現的目標，我們幫有良心的品牌多曝光，支持友善環境的企業。

▌人才決定服務對象：趨勢決定市場

過往的業務由趨勢主導，但我並不滿足於這樣的生態。我的進行式是網路市場，但我的未來式是房地產的開發。這些年我們服務過的客戶已近500個品牌，品項無所不包，食

衣住行育樂都有。由精品服裝到重機，由家電到保養品，還有金融壽險及勞斯萊斯這種國際企業。我們服務的對象，有小型企業有大品牌，有外商客戶跟臺灣在地企業，並沒有設限那種產業。曾有人好奇的問我，我們的客戶是我個人的選擇嗎？當然不是，客戶的產生，都是趨勢及客戶主導的，也是公司的人才所致的。我的團隊裡有不同專長的主管，有的擅長吃，就吸引到食品產業；有的比較會做房地產，各有各的專線，有的專門跑家電，有的專門跑汽車，有的專門跑房地產……是用不同的線及專業帶來業務，與我個人的喜好是無關的。若問是否有主攻產業，那也是看趨勢。舉例來說，早期我們最大客戶是金融跟壽險業，可是後來他們的預算都下降，冒出來的主力客戶就是食品和3C類的客戶。我們會觀察市場，預估接下來的幾年會有某個產業特別竄起，我們就會特別去進攻這個產業。原則上，服務對象是和趨勢綁在一起的。

▌因應趨勢及疫情：鎖定AI智能房地產

網路營銷是我們的專長，而房地產開發將成為公司的第4大
部門。目前我的公司分4個部門：第1個部門是「品牌活絡
中心」，針對知名企業，即國外的國際品牌或臺灣的資深
企業，有壽險或美商。第2個部門就是針對「比甲方更像甲
方」的地方中小企業，他們的行銷預算沒有那麼高，但是
我們會跟他的業績綁在一起，除了行銷費之外另外會有分
潤。第3個部門，就是《MiiShare101就是愛分享網紅大賽》
等項目。第4部門，就是房地產的代銷，這個區塊是因為
2014到2018年曾幫臺灣4大代銷成功做了蠻大的數位行銷，
所以累積較多的經驗值及精準廣告投遞的專業。尤其是疫
情來襲，打亂了許多個人及產業的規劃，有相當的金流流
向房地產，也有建設公司產生這方面服務的需求，我嗅到
了商機及財源。投入這個產業的話，不管是建構業務的團
隊、sop、證照的取得、專業知識的培養，我們都具有優
勢，因此它就在我的公司發展大局及轉型規劃中佔了較大
的比重。我們會訓練一批業務員，搭上精準廣告投遞的配

套，將傳統的人脈累積加上網路上資料庫的整合，讓潛在客戶能夠快速理解AI智能健康屋的趨勢及價值。我的目的，不只是房地產的代銷業務，要建立更多銷售的成功案例。目前健康養生宅「皇昱建設」最吸引我，因為他們蓋的是未來趨勢的AI智能宅，目標5年內要在各地蓋超過30棟。我們不會只扮演營銷角色，所有團隊都要成為具有證照及專業的精兵，準備進軍這個市場。

▍左手網路營銷+右手房地產開發及物業管理：目標上市上櫃

我們會訓練想當網紅的人行銷房地產，創造較高的營收。誰不希望自己的年收入可以破百萬？要達到這個目的，房地產就是一個不錯的選擇，因為它的利潤空間大。房地產與網紅應該相輔相成，我不認為網紅只能賣些小確幸的商品，有銷售能力的網紅應該取法乎上，應選擇高單價，利潤空間大的產品，這樣才是最大化賺錢的能力。為了示範，2021年我自己親身下場，在很短的時間裡就賣了近

兩億的房子。投入這個產業確實與我的個人喜好有關，這些年我也有投資購買一些房子，確知無論產業如何變化，甚至會一夕歸零，但房地產的價值只會起伏但不會全然消失。我覺得當前是一個很好的機會點，也是企業轉型狂潮中的一個選擇。與建案有關而延伸出來的還有一個我看好的產業：物業管理。過去我們在追趨勢，現在我興緻滿滿想要創造趨勢。若只擔任廣告公關跟數位行銷的角色，那就永遠是乙方的身份，經過比稿，提案後等待案子「花落誰家」才拿到案子，這已是我們的專長及本領，我們必須要「更上一層樓」，房地產永遠是經濟的大龍頭，我對以創新的做法進攻這個市場信心滿滿。並結合物業管理的永續營運，這樣的產業組合，我認為是有機會上市上櫃的。左手網路市場，和右手的土地產的開發，兩者是互相結合的。

網紅《愛分享我想紅》MV與《亞洲網紅IP產業發展策進會》

左手網路營銷，右手房地產，這就是「岱瑪金誠」的藍

圖。為《MiiShare101就是愛分享網紅大賽》第2屆，我們完成了《愛分享我想紅》 的宣傳歌，也拍了一隻MV，從音樂旋律到歌詞都是原創，我們預期會有無數的網紅一起來聯播，創造千萬以上的流量，它將壯大網紅世界的聲量。從CSR到ESG機構，我們會邀請很多的贊助商和企業主，一起來公益走秀。「網紅」不是流行或膚淺的代號，也不是趕流行，而是商場的新趨勢。我特別關注另一個議題，那就是，網紅不是年輕人的專利，中年人老年人一定有許多寶物，他們也應該要發聲。我們的大賽想呼喚他們也來進場，與年輕人一較高下。只要擁有個人的特質及專長，人人可以是網紅。關照各種層面的潛在網紅，《MiiShare101就是愛分享網紅大賽》扮演一個優質的平台。《MiiShare101就是愛分享網紅大賽》是個正派的、可被信任的一個平台，歡迎大家一起來比賽，然後一起來做公益為社會帶來新的氣象。透過企業的支持，媒體的加碼曝光，讓想成為網紅的人、已經是網紅的人或是自帶流量的人都在大賽舞台上繼續發光發亮。左手網路市場，右手房地產事業，我們預期一個更精彩的未來！

就是愛分享

【主歌1】
雲想衣裳我想紅
當K.O.L.卻常常被K.O.
左右開攻YouTubeFB
前後夾擊 還有Podcast IG

【主歌2】
打斷手骨顛倒勇
流量不足打不斷網紅夢
時時要想梗 金價歸剛欸
為了生存十八般武藝都要會

【副歌1】
MeShare MiiShare 就是 愛分享
Take you乘風破浪跟上流量
Tag you tag me 金價 屬勾意
當百萬網紅實在不容易

【副歌2】
MeShare MiiShare 就是愛分享
Takeyou乘風破浪說愛你愛你
Tag you tagme 把最好的攏虎你
Join me一起衝破101

【Rap】
全民皆網紅 抖音抖抖抖
想要衝流量 腳步要加快
少貼金往臉上 小心就被炎上(母湯喔)
網紅不往紅就是網不紅
MeShare MiiShare我就是愛分享
愛分享ESG就是愛公益
挖母細空氣
101網紅GO GO GO